Meinen Alltag meditieren

D1984512

Rüdiger Funiok SJ

Meinen Alltag meditieren

Kaffke-Verlag · Aschaffenburg

2. wesentlich erweiterte Auflage 1985

© Verlagsgesellschaft Gerhard Kaffke mbH, Aschaffenburg
Alle Rechte, auch der auszugsweisen Wiedergabe, vorbehalten.
Druck und Herstellung: Funk-Druck, Eichstätt
Printed in Germany
ISBN 3-87391-100-0

Inhalt

Vorwort

Liebe Leserin, lieber Leser! Sie finden in diesem Büchlein zwanzig Betrachtungen. Die ersten fünf sprechen davon, daß persönliches Wachsen sich in Schritten vollzieht. Die unter Nr. 6 bis 10 zeigen, wie bei unserem Fragen nach Gott auch unsere fünf Sinne beteiligt sind. Die nächsten fünf Betrachtungen betonen die Wichtigkeit von Verschnaufpausen in unserem Alltag. Und schließlich ist von falschen Schuldgefühlen und wirklicher Verantwortung die Rede.

Sie finden also jeweils eine konkrete Schwierigkeit unseres Glaubens behandelt, oder es wird eine Möglichkeit aufgezeigt, wie sich Glaube und Leben verbinden lassen: eine konkrete Situation, wo Gott für den, der aufmerksam ist und sich etwas Zeit zum Nachdenken nimmt, erfahrbar werden kann. Dabei klingen Erfahrungen durch, wie ich sie in meiner eigenen Lebensgeschichte gemacht habe oder die ich in Glaubensgesprächen von anderen mitgeteilt bekam.

Die meisten dieser Gedanken habe ich im Laufe der letzten Jahre schon einmal in St. Michael bei der »Meditation fünf nach fünf«, einem Besinnungsangebot in der Münchner Fußgängerzone, vorgetragen. In der ersten Auflage dieses Taschenbuches waren nur die ersten zwölf

Kapitel enthalten, die zweite Auflage ist also um das Doppelte erweitert. Ich hoffe, daß auch diese Erweiterung vieler Leser dazu anregt, die von mir skizzierten Gedanken auf ihre eigenen Erfahrungen zu beziehen und sie für sich weiterzudenken.

Danken möchte ich Carel ter Haar, der mich auf die Eselslegende (siehe 13. Kapitel) aufmerksam machte; ebenso den Mitgliedern des Münchener »Exerzitienkreises«, die mir durch ihr Nachfragen halfen, meine Ausführungen zu Schuldgefühl und Verantwortung zu präzisieren.

München, Februar 1985 P. Rüdiger Funiok SJ

Einführung

Es gibt viele, die irgendwann einmal den Vorsatz gefaßt haben, sich täglich wenigstens zehn Minuten Zeit für eine Besinnung, eine »Meditation« zu nehmen. Doch es bleibt vielfach beim bloßen Vorsatz. Ich meine, wir müssen uns eingestehen: Auch für Dinge, die uns wichtig sind, brauchen wir einen Anstoß von außen und möglichst eine praktische Anleitung. Sonst gehen sie uns im Hin- und Hergezogenwerden des Alltags verloren.

Deshalb sind die Kirchen auf den guten Gedanken gekommen, in den Fußgängerzonen unserer Städte Angebote für solche Kurzmeditationen zu machen, Menschen im Vorübergehen durch ein Plakat anzusprechen und zu einer Besinnung einzuladen. Zunächst schafft ein fünfminütiges Orgelspiel die notwendige Sammlung. Dann folgen Meditationsimpulse, die einfach genug sein müssen, um die Aufmerksamkeit der von Beruf und Einkauf Kommenden nicht zu überfordern. Zudem dürfen diese Gedanken nicht zu viel an Glauben voraussetzen, sondern sollten den Weg des »Schauens«, wie das Zum-Glauben-Kommen im Johannesevangelium oft genannt wird, nachvollziehen lassen. Am besten geeignet sind dazu kleine Begebenheiten des Alltags, die so oder in abgewandelter Form jedem passieren könnten; oder Dinge und Tatsachen, mit denen wir täglich wie selbstverständlich umge-

hen, über die es sich aber dennoch nachzudenken lohnt. Dabei kann plötzlich sichtbar werden, daß Glaube mit unserem konkreten Leben zu tun hat.
In dem vorliegenden Büchlein sind derartige Kurzmeditationen enthalten. Ich habe sie in den letzten Jahren in der »Besinnung um fünf nach fünf« in St. Michael, einer Kirche in der Münchner Fußgängerzone, vorgetragen. Von den 70–180 Menschen, die sich dort an Werktagen zusammenfinden, gab es immer wieder solche, die mich beim Hinausgehen fragten, ob diese Gedanken auch gedruckt vorliegen; sie seien an dem Text interessiert, da sie auch zu Hause einmal eine ähnliche Besinnung halten möchten.
Ich hoffe, daß dieses Büchlein den Weg zu denen findet, die nach Hilfen zur Besinnung in ihrem Alltag suchen. Meinen Alltag meditieren – das ist etwas, wozu wir uns immer wieder die Zeit nehmen dürfen und auch gegenseitig helfen sollten.

(Aus dem Vorwort zur 1. Auflage)

I Meinen Erlebnissen nachfühlen

Eine Szene, die ich kürzlich in der Straßenbahn beobachtete, stimmte mich nachdenklich. Es war in Freiburg, einer Stadt mit einer Reihe schöner Brunnen. Wir hielten eben an einem von ihnen. Durch die geöffneten Türen hörte man trotz des Straßenlärms das Wasser plätschern. »Wasser!« sagte ein etwa dreijähriger Junge zu seinem Großvater. »Das ist der Bertoldsbrunnen«, meinte der Großvater. »Wasser«, wiederholte der Junge; offenbar war ihm dieses Wort wichtig. »Sag mal: Bertoldsbrunnen!« begann der Großvater jetzt zu schulmeistern. Der Junge schwieg. Der Großvater versuchte es nochmals: »Sag mal: Bertoldsbrunnen!« Erneut schwieg der Junge. Schließlich wieder der Großvater, jetzt energisch und ungeduldig: »Sag doch endlich: Bertoldsbrunnen!« Abermals schwieg der Junge und meinte endlich kleinlaut: »Markus noch so klein.«

Was war geschehen, daß das Gespräch zwischen Großvater und Enkel mit einer Ohnmachtserklärung des Kleinen abgebrochen wurde? Warum fühlte sich der Junge so allein gelassen? Er hat freudig »Wasser« gerufen und sich an manche Erfahrungen erinnert, die er mit diesem nassen und kalten Element schon gemacht hatte. Und er wollte diese Erinnerung, die beim Anblick des Brunnens in ihm wach wurde, vom Großvater bestätigt bekommen. Der

Großvater hätte zum Beispiel antworten können: »Ja, das ist Wasser. Es spritzt, wenn man die Hand darunter hält. So wie du das zu Hause beim Wasserhahn machst oder in meinem Schrebergarten mit dem Wasserschlauch.« Statt dessen hatte der Großvater versucht, seinem Enkel eine Ortsbezeichnung beizubringen – ein Wissen, das er als Erwachsener für wichtig hielt, das aber den Kleinen überhaupt nicht interessierte. Dieser war bei seinem Gefühl und seinem Erleben geblieben, während jener aus seinem Bescheidwissen heraus sprach. Da keiner zur Ebene des anderen überwechseln konnte, gab es keine Verständigung.

Ähnliches scheint mir auch bei den Gesprächen vorzukommen, die wir mit uns selber führen. Immer wenn wir mit uns allein sind, führen wir irgendwelche Selbstgespräche. Doch oft bleiben wir dabei auf der Ebene des Bescheidwissens und des Planens. Deshalb begegnen wir dort nur gelernten Benennungen, Wörtern, die unser Wissen über etwas ausdrücken – nie uns selber, wie wir fühlen und erleben. Dazu müssen wir unseren Verstand, unsere Theorien – auch über uns selbst – gleichsam »abblenden« und uns der einfachen Empfindung überlassen. Wir müssen auf die Ebene »umschalten«, auf der sich der kleine Junge befand: auf die Ebene des Fühlens.

Meditieren heißt, in dieser Ebene mit sich Fühlung aufzunehmen, mit den körperlichen Empfindungen, die ich gerade habe (fühle ich mich irgendwo eingeengt, verspannt, unwohl – oder frei, gelöst, mit mir eins?), und mit den Bildern und Erinnerungen, die durch ein Erlebnis oder ein Wort in mir angestoßen werden. Gerade für die ersten Minuten einer Besinnung ist es nützlich, von dem Fühlen meines Körpers auszugehen – ein ruhiges und tiefes Atmen (bis unter den Bauchnabel hinab) läßt ihn deutlicher spüren – und von daher mir über meine augenblickliche Stimmung klarzuwerden. Meditieren heißt sich selbst begegnen, sich als ganzer Mensch wahrzunehmen. Unsere kontrollierenden und planenden Gedanken kennen wir meist recht gut, unsere Gefühle und inneren Bilder viel weniger.

Schon die Körperempfindungen, die unterhalb der Schmerzgrenze liegen, lassen wir meist unbemerkt. Dabei sind sie sehr vielfältig und könnten uns helfen zu verstehen, was gerade mit uns los ist. Diese Empfindungen, ohne vorgefaßte Meinung von uns, einfach zu bemerken und gelten zu lassen, ist der Anfang jeder Meditation, jeder wahren Begegnung mit uns selbst. Sie stehen auch am Anfang unseres Sprechens mit Gott; Beten heißt: als ganzer Mensch vor ihn hintreten, nicht nur mit dem Verstand, sondern auch mit unserem Körper und unserem Gefühl.

Versuchen Sie noch ein paar Minuten, bei sich selber zu sein – Ihren Körper zu fühlen und Ihre augenblickliche Stimmung zu beschreiben. Und treten Sie dann so vor Gott. Sagen Sie sich, daß er gegenwärtig ist und Sie sieht; und daß er weiß, wie es gerade um Sie steht – einfach weil er Sie geschaffen hat und alle Wege Ihres Lebens mit Ihnen gegangen ist, bis heute. Wenn Sie ein wenig in diesem Gedanken verweilen, dann wird auch das Bei-sich-Sein im Fühlen noch ruhiger und gelassener werden können. Dann können Sie – nach dem Grad der Sammlung und Übung sicher verschieden, auf jeden Fall aber ansatzweise – erfahren, daß Sie von ihm so erkannt und bejaht sind, wie nur er es in seiner Liebe vermag.

II Sich Gott mit ganzer Aufmerksamkeit zuwenden

Wie oft hört man das Argument, das angeblich gegen das Beten spricht: »Für mich ist Gott einfach so wenig wirklich, ich erfahre ihn nicht gegenwärtig.« Im Unterschied zur Erfahrung der Gottesferne, wie sie Jesus am Kreuz oder manche Heilige in der Nacht ihrer Prüfung hatten, scheint es sich hier um eine Anfangsschwierigkeit zu handeln. Sie läßt sich mit dem einfachen Rat beantworten: Man muß länger nach ihm suchen!

Diese Antwort scheint uns zu simpel, und doch steckt dahinter die Erfahrung all jener, die es versucht haben. »Der Mensch muß zu Gott schreien und ihn Vater nennen, bis er sein Vater wird«, sagt ein jüdischer Weiser in der Auslegung einer Schriftstelle, die auch für sich selbst spricht: »Wenn du von dort aus (dem Land der Verheißung) den Herrn, deinen Gott, suchen wirst, wirst du ihn finden – wenn du nur von ganzem Herzen und aus ganzer Seele nach ihm fragst« (Deut 4, 29). Wie oft lesen wir im Alten Testament die Bitte: »Herr, laß dein Angesicht über uns leuchten!« Wenn schon jene Menschen immer wieder diese Bitte aussprechen mußten – wieviel mehr erst wir, die in einer Zeit leben, in der Gott nicht mehr vorzukommen scheint!

Es geht um die Bitte, die wohl am Anfang einer jeden

Begegnung mit Gott steht – oder am Ende eines Kampfes mit ihm, wie Job sagt: »Vom Hörensagen hatte ich von dir gehört – jetzt aber hat dich mein Auge gesehen.« (42, 5) Daß Gott sich erfahrbar mache für uns, so konkret und persönlich, wie unser Leben individuell ist – das ist der Wunsch, den wir nicht nur einmal, sondern immer wieder haben und aussprechen sollten. Nicht alle unsere kindischen Wünsche kann uns Gott erfüllen. Von diesem jedoch hat er es eindeutig versprochen. Wenn wir nur von ganzem Herzen und aus ganzer Seele nach ihm fragen, werden wir eine Antwort bekommen. Nicht immer die, welche wir erwartet haben. Aber wir werden nicht mehr sagen können, Gott sei für uns so wenig wirklich.

Nur wenn ich mich einer Sache mit wirklicher Aufmerksamkeit und der nötigen Zeit zuwende, wird sie mir vertraut. Nur wenn ich sie ernsthaft verfolge, werde ich sie kennenlernen. Dann wird sie auch wirklich für mich sein und wertvoll. Ohne eine regelmäßige Zeit des Betens und ohne die wiederholte Bitte am Anfang, Gott möge sich mir lebendig zeigen, wird Gott eine bloße Vorstellung für mich bleiben, die keine Anziehung auf mich ausübt und von der keine Impulse für mein Leben ausgehen. Nur wenn ich mir und ihm die Chance – und das heißt auch die Zeit – gebe, einander zu begegnen, wird mein Glaube etwas Lebendiges; etwas, was nicht so nebenbei abhanden kommen kann, einfach weil ich es zu lange mit ganzer Aufmerksamkeit gesucht habe.

Mir scheint dieser Gedanke sehr dicht im 22. Kapitel von Saint-Exupérys »Der kleine Prinz« zusammengefaßt zu sein. Ich will es daher zum Abschluß einfach abdrucken und es Ihnen überlassen, dieser Geschichte noch weiter nachzudenken – auf Gott hin oder andere Dinge, denen Sie Zeit und Aufmerksamkeit zuwenden.

»Guten Tag«, sagte der kleine Prinz.

»Guten Tag«, sagte der Weichensteller.

»Was machst du da?« sagte der kleine Prinz.

»Ich sortiere die Reisenden nach Tausenderpaketen«, sagte der Weichensteller. »Ich schicke die Züge, die sie fortbringen, bald nach rechts, bald nach links.«

Und ein lichterfunkelnder Schnellzug, grollend wie der Donner, machte das Weichenstellerhäuschen erzittern.

»Sie haben es sehr eilig«, sagte der kleine Prinz. »Wohin wollen sie?«

»Der Mann von der Lokomotive weiß es selbst nicht«, sagte der Weichensteller.

Und ein zweiter blitzender Schnellzug donnerte vorbei, in entgegengesetzter Richtung.

»Sie kommen schon zurück?« fragte der kleine Prinz . . .

»Das sind nicht die gleichen«, sagte der Weichensteller. »Das wechselt.«

»Waren sie nicht zufrieden dort, wo sie waren?«

»Man ist nie zufrieden dort, wo man ist«, sagte der Weichensteller. Und es rollte der Donner eines dritten funkelnden Schnellzuges vorbei.

»Verfolgen diese die ersten Reisenden?« fragte der kleine Prinz.

»Sie verfolgen gar nichts«, sagte der Weichensteller. »Sie schlafen da drinnen, oder sie gähnen auch. Nur die Kinder drücken ihre Nasen gegen die Fensterscheiben.«

»Nur die Kinder wissen, wohin sie wollen«, sagte der kleine Prinz. »Sie wenden ihre Zeit an eine Puppe aus Stoff-Fetzen, und ihre Puppe wird ihnen sehr wertvoll, und wenn man sie ihnen wegnimmt, weinen sie . . .«

»Sie haben es gut«, sagte der Weichensteller.

III Meinen Alltag meditieren

Geht es uns nicht allen so: Wenn wir versuchen, still zu werden, dann geht in uns erst ein richtiger Sturm von Gedanken und Einfällen los? Das ist normal und braucht uns nicht zu beunruhigen; die Wahrnehmung äußerer Dinge, unser Planen und Tätigsein lassen sich nicht von einem Augenblick auf den anderen abschalten. Wir sind Menschen und keine Maschinen, wir brauchen daher Zeit, uns auf jede wirklich neue Art von Tätigkeit umzustellen. Und Meditation ist eine andere, eine mehr hinnehmende Art von geistiger Aufmerksamkeit.

Und so bleibt uns gar nichts anderes übrig, als all die Gedanken und Eindrücke, die uns vom Alltag her noch nachgehen, einfach vorüberziehen und abfließen zu lassen. Dazu ist es gut, wenn Sie sich sagen: Ich brauche diese Minute der Besinnung jetzt nicht auch noch mit Planungen zuzubringen und um die vielen Dinge besorgt zu sein, die mich schon genug Zeit kosten. Diese Zeit gehört jetzt mir, ich will sie wirklich für mich nützen. Ich will einfach bei mir sein, vor Gott sein.

Es ist freilich nicht so, als ob wir den Alltag beim Beten ausklammern müßten – nein, oft wird unser Beten einfach aus einem Rückblick auf den vergangenen Tag, die zurückliegende Woche oder sonst einen Erlebnisabschnitt bestehen. Aber wir sollten uns mit dem Nachdenken über Einzelheiten Zeit lassen, damit sich die Dinge zuerst einmal »setzen« und ordnen können; denn nicht immer ist die Erinnerung, die sich uns als erste aufdrängt, auch die für uns bedeutsamste. Erst wenn wir im Ruhigwerden eine gewisse Distanz zu unserem Alltag gewonnen haben, können wir uns ihm neu zuwenden, vermögen wir die »Gestalt« einzelner Erlebnisse zu erfassen und in ihrer Bedeutung für uns zu begreifen.

Am besten, wir gehen den betreffenden Erlebnisabschnitt von Anfang an in der Erinnerung durch: Wo war ich überall, mit wem bin ich zusammengetroffen, was habe ich alles getan? Es geht um ein schlichtes Vorbeiziehenlassen der Erlebnisse. Dabei brauche ich mich nicht um Vollständigkeit zu bemühen, sondern nur die wichtigsten Abschnitte herzunehmen. Und das, ohne gleich zu werten oder mich zu bewerten – einfach sehen und wahrnehmen. Natürlich sind mit jedem Erlebnis bestimmte Gefühle verbunden – in der Erinnerung oft deutlicher als zu dem Zeitpunkt des Ereignisses, bei dem wir sie hatten. Wenigstens kann sich manches Gefühl nachträglich klären; es kann uns erklären, worum es bei diesem Erlebnis in einer tieferen Ebene ging.

So ist es nützlich, nach einem ersten Vorüberziehenlassen des Erlebten nochmals an einige Stellen mit besonderer Aufmerksamkeit hinzugehen und den Gefühlen nachzuspüren, die ich dort hatte und auch jetzt noch in mir wachrufen kann. Ich frage mich, warum ich dabei gerade dieses Gefühl hatte und kein anderes; denn es kann passieren, daß mich etwas sehr froh gemacht hat, und ich weiß gar nicht warum. Finde ich den Grund, so kann es sein, daß sich diese Freude erneut in mir ausbreitet und als Dankbarkeit sich erst voll in mir auswirkt. Von daher läßt sich diese Übung des Rückblicks mit gutem Recht auch »dankende Auswertung meines Tages« nennen.

Natürlich gibt es in unserem Tag auch Erlebnisse, die uns nachträglich eher bedrücken. Sei es, daß uns etwas leid tut oder daß uns Schwierigkeiten, von denen wir vorher kaum wußten, erst so recht bewußt werden. So werden wir aufgerufen, Probleme wirklich anzugehen und Schritte zu einer Umkehr oder Wiedergutmachung einzuleiten. Doch wie beim Dank sind wir auch hier nicht mit uns allein, wir können ebenso unsere Reue vor Gott bringen und unsere Bitten um weitere Klarheit und Konsequenz ihm vortragen.

Damit richtet sich unser Blick wie selbstverständlich auf den vor uns liegenden Abschnitt unseres Lebens. Ich frage mich aus den Erfahrungen des Rückblickes: Wo gibt es Gelegenheiten, an denen sich die Frage, auf die ich gestoßen bin, erneut stellen wird? Wann könnte ich das nächste Mal in etwas hineinrutschen, das ich nicht will? Wie läßt es sich vermeiden? Der prüfende Blick in die Vergangenheit wird so zur Voreinstellung für die Zukunft, aus der heraus manches besser gelingen kann.

Ich habe eine Übung beschrieben. Übungen muß man tun.

Ihre Beschreibung ist wie die Schilderung eines Weges. Es bleibt einem nicht erspart, ihn selbst zu gehen. Sie werden auf manches stoßen, was hier nicht vorausbedacht ist. Ich bin dennoch zuversichtlich, daß Sie dabei nicht allein sind. Ja, ich meine, daß Sie auch während Ihres Alltags, auf den Sie in dieser Übung zurückblicken, nicht allein waren. Freilich: Auf welche Weise Gott bei Ihnen und mit Ihnen war, das kann Ihnen auch nur die tatsächliche Übung der betenden Auswertung Ihres Tages zeigen.

IV Stoßgebete als Meditationshilfen

Wenn wir versuchen, in Ruhe unseren Tag zu überblikken, dann geht uns neben Gedanken und bildhaften Eindrücken auch eine Reihe von Worten durch den Kopf: beiläufig aufgeschnappte Sätze, ein Slogan aus der Rundfunkwerbung, ein Sprichwort, das jemand zitierte, ein Wunsch, mit dem wir uns verabschiedeten. Es ist möglich, daß wir in diesen meist nur oberflächlich mitgehörten Sätzen ein Wort an uns entdecken – ein Wort, das etwas über uns, unseren Tag oder die Art, wie wir ihn gelebt oder nicht gelebt haben, aussagt. Es macht nichts, wenn dieser Satz eine Wahrheit ziemlich oberflächlich ausdrückt; eine solche Ausdrucksweise geht uns oft eher ein als eine sehr tiefsinnige Formulierung. Denken Sie an den Satz, den sich Johannes XXIII. oft sagte, wenn er sich um etwas Sorgen machte: »Giovanni, nimm dich nicht so wichtig!«

Eine andere Möglichkeit, zu einem solchen Wort zu kommen, besteht darin, in sich hineinzuhören, ob da nicht ein Lied klingt, das wir schätzen, oder sich Worte eines Gedichts einstellen, die uns schon oft etwas gesagt haben. Eine weitere Möglichkeit, die ich für sehr ergiebig halte und die recht direkt in das Beten hineinführt, liegt darin, in den Evangelien zu blättern und die Bitten und Fragen, welche die Menschen an Jesus stellen, zum Ausgangspunkt des eigenen Betens zu machen. Auch wenn Sie kein Neues Testament bei der Hand haben, fällt Ihnen sicher das eine oder andere Wort ein. Um die Liste zu vergrößern, nenne ich hier einfach einige:

»Herr, lehre uns beten!« (Lk 11, 1)

»Meister, wir möchten, daß du uns eine Bitte erfüllst.« (Mk 10, 35)

»Meister, wir wollen von dir ein Zeichen sehen.« (Mt 12, 38)

»Herr, wir möchten, daß unsere Augen geöffnet werden.« (Mt 20, 33)

»Herr, wenn du willst, kannst du mich reinmachen.« (Mt 8, 2)

»Meister, kümmert es dich nicht, daß wir zugrunde gehen?« (Mk 4, 38)

»Herr, ich glaube, hilf meinem Unglauben!« (Mk 9, 24)

»Meister, sieh auf meinen Sohn, es ist mein einziger!« (Lk 9, 38)

»Herr, denk an mich in deinem Reich!« (Lk 23, 42)

»Herr, zeige uns den Vater, so genügt es uns!« (Jo 14, 8)

»Zu wem sollen wir gehen, du allein hast Worte ewigen Lebens!« (Jo 6, 68)

»Herr, ich bin nicht wert, daß du in mein Haus kommst, aber sprich nur ein Wort!« (Mt 8, 8)

Es sind Worte, in denen die verschiedensten Nöte und Anliegen ausgedrückt sind: die Not, nicht beten zu können, nicht glauben zu können, nicht klarzusehen; es ist von Hilflosigkeit und Ohnmacht die Rede, von der Sorge um ein Kind, von der Suche nach dem Vater. Ich

meine, diese Bitten und Fragen sind bei aller Konkretheit doch so übertragbar, daß auch wir uns mit unseren Nöten und Anliegen in ihnen entdecken können.
Natürlich paßt nicht jedes dieser Worte auf unsere augenblickliche Situation. Um ein passendes zu finden, lassen Sie einfach den letzten Tag an sich vorbeiziehen und warten Sie darauf, welches Wort sich spontan einstellt. Bleiben Sie ruhig bei dem, das Ihnen zuerst eingefallen ist, auch wenn es Ihnen zunächst gar nicht zu passen scheint. Es muß etwas in Ihnen geben, was sich gerade dieses Wort herausgesucht hat. Nur wenn Sie daraufkommen, daß es eine sehr zufällige und nichtssagende Gedankenverbindung war, die Sie gerade auf dieses Wort kommen ließ, gehen Sie zu dem nächsten über, das Ihnen einfiel. Doch bleiben Sie, wenn Sie gewählt haben, für die Zeit Ihrer Besinnung bei einem Satz, bei einer Bitte stehen.

Wiederholen Sie sie immer wieder und schließen Sie sich so allmählich die ganze Not auf, aus der heraus diese Bitte gesprochen wurde. Fragen Sie sich, inwieweit es auch die Ihrige ist. Und denken Sie schließlich darüber nach, warum dieser Mensch seine Bitte an Jesus gerichtet hat oder durch ihn an Gott; und in welcher Weise auch Sie diese Bitte an Gott richten wollen. So machen Sie allmählich diese Bitte zu der Ihrigen; vielleicht möchten Sie dazu ein Wort in dieser Bitte abändern – tun Sie es ruhig, damit es wirklich Ihre Bitte an Gott wird.

Sie haben sich damit etwas zu eigen gemacht, was man

früher »Stoßgebet« nannte: kurze Dankaussagen und Bitten an Gott, die einem immer dann zur Verfügung stehen, wenn man sein Gebet an einem Satz festmachen und stützen möchte. Vielleicht erleben Sie, daß ein solcher Satz, ein solches Stoßgebet in Ihnen eine sehr wohltuende und klärende Wirkung hat und wie ein guter Same in Ihnen wächst, wenn Sie ihn wiederholt zum Ausgangspunkt Ihres Gebetes machen.

V Notwendige Pausen im Voranschreiten

Die meisten von uns kennen das Meer aus eigener Anschauung. Aber auch wenn wir nie dort waren, haben wir durch das Fernsehen, durch Fotos, durch Gemälde oder musikalische Schilderungen eine Vorstellung vom Meer: von seiner Weite, vom stetigen Heranrollen der Wellen, vom Nahen und Zurückweichen der Flut. In seiner Bewegtheit an der Oberfläche und seiner gleichzeitigen Ruhe in der Tiefe ist das Meer seit jeher ein Bild für das, was sich in unserer Seele abspielt. Auch wir sind ständig in Bewegung und vermögen doch bei uns zu sein, uns in uns zu sammeln. Ja, es wäre schön, wenn all unsere Bewegungen aus dieser einen ruhigen Mitte kämen. Statt dessen nehmen wir meist nur unruhiges und zielloses Hin- und Hergetriebensein an uns wahr. Nach einem hoffnungsvollen Ansatz verläßt uns oft die Kraft, ihn fortzuführen.

Doch unser Eindruck kann täuschen. Eine Beobachtung, die ich machte, als ich das letzte Mal am Meer war, soll das belegen. Es war an einem leicht ansteigenden Sandstrand. Die herannahende Flut feuchtete den Sand Meter um Meter. Ich begann diese Eroberung des Landes durch das Wasser näher zu betrachten. Das Ganze geschah nicht in sturer Gleichmäßigkeit, indem jede Welle ein Stückchen weiter vorrückte als die vorhergehende, sondern in deutlichen Etappen. Plötzlich preschte eine Welle wie eine

Vorreiterin ein großes Stück vor – das ging so schnell, daß ich meine Füße, die ich trocken halten wollte, gar nicht mehr rechtzeitig zurückziehen konnte. Doch dann folgte dieser Vorreiterin lange nichts mehr. Für oft mehr als eine Minute schien diese Welle, die sich als erste vorgewagt hatte, von ihren Genossinnen im Stich gelassen. Bis wieder eine zur Vorreiterin wurde und über das bisher Erreichte hinausging.

Was mir diese Beobachtung gesagt hat, ist etwa folgendes: Wenn uns nach langer Bemühung ein Durchbruch gelungen, dann bleiben wir meist in den nächsten Wochen hinter dieser »Marke« zurück. Ja, es scheint, wir müssen dahinter zurückbleiben, denn sonst festigt sich die neu erworbene Verhaltensweise nicht genügend. Wir können nicht ständig vorwärts gehen. Wie die langen Zeiten zwischen den Vorstößen der Flut gewissermaßen dazu dienten, das neu gewonnene Terrain ganz zu besetzen und zu sichern, so brauchen auch wir diese Zwischenzeiten. Das ganze Meer muß dorthin kommen, wo die eine Vorreiterin schon war. Geben auch wir der Gesamtheit unseres Erlebens die Zeit, dort anzukommen, wo ein Vorreitererlebnis schon einmal war!

Vielleicht haben Sie im Rückblick auf die vergangenen Tage und Wochen den Eindruck, daß Sie auf der Stelle treten oder daß es gar rückwärtsgeht. Dann erinnern Sie sich, wann Sie das letzte Mal den Eindruck hatten, es ginge vorwärts mit Ihnen; und versuchen Sie einfach, die

Zeit bis heute als eine solche Zwischenzeit zu verstehen, die Sie brauchten, um Atem zu holen, um sich mit all dem, was zu Ihnen gehört, dorthin zu bringen, wo eine »Spitze« schon vor einiger Zeit war.

Dieser Gedanke soll keine billige Beruhigung sein; denn natürlich kann es passieren, daß ich gar nicht mehr klar weiß, wohin ich unterwegs bin, und deswegen auf der Stelle trete oder gar rückwärts gehe. Aber, das einmal vorausgesetzt, kann dieser Gedanke uns vor einer falschen Hektik und Selbstüberforderung bewahren. Wachstumsprozesse brauchen ihre Zeit; mit kaum jemand sind wir so ungeduldig wie mit uns selbst. Diese Geduld hat etwas mit dem Vertrauen des Bauern zu tun, der an das Wachsen seiner Saat glaubt, obwohl er nicht weiß, wie sie wächst (Mk 4, 26–28). So brauchen auch wir nicht zu begreifen, wie es möglich ist, daß das Meer nach seinem Pausieren erneut vorangeht, ja, daß es in der Ebbe täglich zurückweicht, um täglich neu zu kommen. Es genügt, daß wir daran glauben. Nach größeren Abschnitten werden wir sehen, daß unser Glaube recht hatte: wenn wir die emporgewachsene Pflanze sehen oder wenn wir erfahren, daß das Meer jährlich einige Meter Strand endgültig für sich in Besitz nimmt.

VI Wenn wir uns schutzlos fühlen

Es ist in den letzten Jahren in Mode gekommen, tierische Verhaltensweisen als Vorbild für humanes Verhalten hinzustellen. Manchmal befremden uns solche Vergleiche, vor allem wenn sie von Tieren stammen, denen wir zwar äußerlich nicht unähnlich sind, bei denen ähnliche Verhaltensweisen aber doch eine andere (eben nicht vom Geist geprägte) Bedeutung haben. Ich wähle deshalb eine möglichst fernliegende tierische Verhaltensweise zum Ausgangspunkt unserer Besinnung; vielleicht sagt sie doch etwas – nicht als zwingender Vergleich, aber als interessante Anregung. Man findet sie bei einem Tier, das die meisten von uns wohl noch nie lebendig gesehen haben: beim Hummer, einer besonders großen Krebsart, die im Wattenmeer lebt.

Der Hummer schaut mit seinen großen Scheren recht gefährlich aus und ist es wohl auch. Wie ich von jemand erfuhr, der es wissen mußte, kann der Hummer ohne weiteres unseren kleinen Finger durchzwicken. Doch dieses so bedrohliche Tier wird regelmäßig einmal im Jahr für etwa vierzehn Tage ganz wehrlos. Dann nämlich, wenn es seine Scheren und seinen übrigen Panzer abstreift. Sie bestehen aus Horn und sind eine Absonderung der Haut. Durch das Wachstum des Hummers wird ihm seine gepanzerte Haut zu eng. Er zwängt sich mühsam aus ihr heraus und ist dann ganz nackt. Für die Zeit, bis sich das neue Horn gebildet hat, verbirgt sich der Hummer in einer schützenden Höhle.

Gewiß, wir können das nicht: aus unserer Haut fahren. Aber auch uns ist das Gefühl, daß wir uns nicht wohl in unserer Haut fühlen, bekannt. Wir sind nicht mehr mit uns eins, irgend etwas hat uns aus dem Gleichgewicht gebracht: ein Mißerfolg, ein schmerzlicher Verlust, eine unerwartete Begegnung. Ein Erlebnis jedenfalls, das unsere Sicherheit aufgebrochen und uns schutzlos und verwundbar gemacht hat. Das muß kein Unglück sein, im Gegenteil: Die Erfahrung dieser plötzlichen Unsicherheit kann uns zeigen, daß wir uns allzusehr auf Dinge gestützt haben, die nicht halten. Oder es wird uns klar, daß wir aus unvernünftiger Angst einen dicken Panzer um uns gelegt hatten, der uns nur schwer und unbeweglich machte. Freilich: Ohne eine gewisse Panzerung geht es nicht – sonst verletzt uns jeder kleine Stoß, und mancher Stoß der gar nicht uns persönlich galt, bringt uns aus dem Gleichgewicht.

Daher geht es in einer solchen Situation darum, uns einen neuen Schutz, eine neue, bessere Form von Sicherheit zuzulegen. Doch wie der Hummer brauchen wir dazu, so meine ich, eine gewisse Zeit und eine »Höhle«, in der wir uns regenerieren können. Unser Zimmer kann ein Raum sein, in dem wir für uns allein sind, wenn wir es sein wollen. Das Gespäch mit einem guten Freund vermag ein ähnlich heilender Raum zu sein: Wenn wir uns selbst nicht mehr die verlorene Sicherheit zurückgeben können, so kann es doch jemand anderer tun. Einer, der uns schon anders erlebt hat und der uns deshalb neu Dinge zutraut, die wir nicht mehr von uns zu erhoffen wagen. Und schließlich ist da Gott, dessen Liebe zu mir nicht nur alles erträgt, sondern auch alles erhofft (1 Kor 13, 7).

Auf jeden Fall brauche ich bewußt gewählte Zeiten und Räume, die mir guttun: einen längeren Spaziergang, das Hören guter Musik, den Besuch bei einem Menschen, der mich versteht, das Lesen aufrichtender Gedanken, das Verweilen im Gebet. Z. B. mit dem Wort aus dem Psalm 27: »Denn er birgt mich in seiner Hütte am Tage des Unglücks, er schirmt mich im Schutz seines Zeltes, auf einen Felsen hebt er mich; nun ragt mein Haupt hoch über meine Feinde ringsum« (die Feinde lassen sich leicht als innere Schwierigkeiten uminterpretieren, gegen die ich angehen möchte).

Sicher ist es auch gut, einfach mit seiner gewohnten Arbeit weiterzumachen. Arbeit, vor allem wenn sie regelmäßige Erfolgserlebnisse bringt, ist die beste Überbrückung von Phasen, in denen ich mich hilflos und unsicher fühle. Aber immer dann, wenn ich eine »Höhle« brauche, kann ich auf jeden Fall zu Gott gehen. Seine Gegenwart ist – wie der Psalm 27 sagt – wie »ein Haus, in dem ich bleiben darf mein Leben lang, in dem ich die Freundlichkeit des Herrn schauen darf und meine Lust wiederfinde« am Leben (auch die Übertragung von »Tempel« auf Christus, oder die »Fülle des Lebens«, empfiehlt sich beim Beten der Psalmen). Vor ihm brauche ich mich nicht zu schützen. Und er gibt mir meine Sicherheit wieder, indem er mir sagt: »Du kannst es wieder!« – in der Kraft, die uns zuwächst, ist seine Hilfe.

VII Wie Brot und Wein – wie Gott für uns da ist

Es gibt viele Arten der Gegenwart Gottes. Die eucharistische Gegenwart seines Sohnes ist nur eine davon, immerhin eine besonders sinnträchtige und reale. Eine Gegenwartsform, die uns immer wieder Mut machen könnte, ihn auch in anderen Augenblicken unseres Lebens gegenwärtig zu glauben. So wie ihn die Emmausjünger beim Brotbrechen erkannten (vgl. Lk 24, 30), könnten wir ihn immer dann gegenwärtig glauben, wenn uns »Brot« gereicht, wenn unser Hunger gestillt wird. Das geschieht nicht nur in der Messe, sondern immer dann, wenn wir bekommen, wonach wir gehungert haben. Um zu begreifen, wann das überall geschieht, brauchen wir nur ein wenig darüber nachzudenken, was Brot und Wein für uns sind.

Brot, das ist in unserem Kulturkreis ein Grundnahrungsmittel. Etwas, was man auf jeden Fall zu Hause haben muß, ohne das es nicht geht. So wie es in Asien nicht ohne Reis und in Afrika nicht ohne Hirse geht. Brot ist etwas Alltägliches, etwas, was jeder zum Leben braucht. – Was haben wir auf einer tieferen Ebene so lebensnotwendig wie das Brot? Ist es nicht die Antwort auf Fragen wie: Warum muß das gerade mir passieren, warum sehe ich so wenig klar, wohin bin ich eigentlich unterwegs? Gott läßt uns mit diesen Fragen nicht allein. Immer wenn wir uns betend und fragend an ihn wenden, ist er bereit zu antworten. Freilich oft nur dadurch, daß er schweigt oder auf seinen Sohn hinzeigt; auch Jesus blieb es nicht erspart, diese Fragen zu stellen und oft nur das Schweigen Gottes als Antwort zu bekommen. Am stärksten wurde das deutlich in seinem Tod am Kreuz. Doch was zunächst nur aussah wie das große Schweigen Gottes, wurde durch sein Weiterleben in seiner Auferstehung und in der Gemeinde zu einer beredten Antwort Gottes – wenigstens für die, die sie zu hören bereit waren. Weil diese neue Lebendigkeit nicht nur ihn betraf, sondern alle, die sich diesem Wort Gottes öffneten, belebte und in ihren Hoffnungen bestärkte – deshalb wurde er zum »Brot für das Leben in dieser Welt« (Jo 6, 51). Das, was uns zutiefst am Leben erhält, ist die Hoffnung und ihre Bestätigung im Schicksal Jesu: daß der Tod nicht das Letzte ist. So gibt dieses »Brot« Gottes uns wirklich das Leben (vgl. Jo 6, 33).

Da ist aber auch der Wein. Im früheren Palästina war Wein das Getränk, das jeder trank, ob er arm war oder reich.

Wenn einer weniger Geld hatte, trank er freilich einen billigeren Wein, oft nur einen besseren Essig, und natürlich wurde der Wein immer mit Wasser verdünnt. Aber es war doch Wein – ein Getränk, das fröhlich macht, das Menschen miteinander verbindet und ihre Zunge löst. So spielte das Weintrinken auch eine Rolle, wenn man eine Versöhnung feierte oder einen Vertrag besiegelte. Man trank in der Runde aus demselben goldenen Becher – schon weil jedes Haus wohl nur ein oder zwei solcher Kelche hatte, und auch wegen der symbolischen Bedeutung dieses Vorgangs: im Trinken aus demselben Kelch wurde die Gemeinschaft erneut hergestellt.

Der Wein also Mittel, um Freude und Gelöstheit zu erfahren, und als Bekräftigung eines Vertrags- oder Bundesschlusses. Beide Momente werden auch im Leben Jesu Christi sichtbar. In der großen Freude und Hoffnung, die er in vielen Menschen weckte, war plötzlich »Wein im Überfluß« da – wie auf der Hochzeit zu Kana. Jene Zeit schien angebrochen zu sein, in der Gott wirklich alle – auch die, die sich durch die Selbstgerechtigkeit der Frommen ausgeschlossen oder sonstwie von Gott entfremdet erlebten – zu einem großen Gastmahl einlud, bei dem man keine Leistung als Eintrittskarte vorweisen mußte. Doch dann kam die unbegreifliche Wende: Der, auf den sie alle ihre Hoffnungen gesetzt hatten (vgl. Lk 24, 21), mußte den Wein der Freude mit dem bitteren Kelch des Leidens vertauschen und elend am Kreuz enden. Der Quell ihrer Freude schien versiegt – bis jene Menschen, die in seinem Namen beisammen blieben, seine Lebendigkeit neu erfuhren. In dieser Erfahrung, die sie seine Auferstehung nannten, erwies sich diese Quelle der Hoffnung als unversiegbar; denn nicht einmal der Tod hatte ihre Kraft zerstören können. Ja, es war ihnen, als ob sie dadurch gewachsen war; denn der Kelch des Leidens, den er getrunken hatte, war in Wirklichkeit zu einer neuen Besiegelung des Bundes zwischen Gott und den Menschen geworden – in seinem Blut war er nun endgültig und unwiderruflich geschlossen. Jetzt erst konnte die Freude grenzenlos sein; sie erfüllte jene Menschen auch so sehr, daß andere glaubten, sie seien »voll des süßen Weines« (Apg 2, 13).

Brot und Wein – das zum Leben Notwendige und das, was das Leben reich macht an Freude, an Gelöstheit, an Gemeinschaft. Und das alles, weil er da ist, täglich, stündlich. Besonders deutlich dann, wenn der Priester das Brot und den Wein nimmt, beide segnet und im Gedenken an seinen Tod und seine Auferstehung zu Zeichen seiner Gegenwart macht. Sollten da nicht auch uns »die Augen aufgehen«, sollten nicht auch wir »ihn erkennen«? Selbst wenn er sich unseren »Blicken wieder entzieht« (Lk 24, 31), so bleibt er doch da – als der, der uns nährt, und als der, der uns froh macht: weil er unserem Leben einen unverlierbaren Sinn und eine unversiegbare Quelle der Freude gegeben hat.

VIII Gott hören

Meditieren heißt nicht so sehr denken, sondern mit wachen Sinnen da sein: nicht nur mit unserem Verstand, sondern auch mit unseren Augen, mit Ohr und Herz. Es ist ein ganzheitlicher Vorgang, bei dem wir alle unsere Sinne beieinander haben dürfen. Es ist paradox: Bei aller notwendigen Disziplin bedeutet Meditieren ein Loslassen; denn wach werden unsere Sinne nicht dadurch, daß wir sie noch mehr anspannen, sondern daß wir sie entspannen. Indem wir das massive Bombardement von Sinneseindrücken, das der Alltag uns aufzwingt, an uns abfließen lassen und uns darauf vorbereiten, etwas Einfaches, Leises, Verborgenes wahrzunehmen. Dazu brauchen wir nur die Einladung der Dinge anzunehmen und unsere Sinne von ihnen führen zu lassen.

So vermag zum Beispiel die Musik unser Ohr zu sammeln, es hinzulenken auf die Farbe der Töne, es einer Melodie folgen oder die Harmonie empfinden zu lassen. Durch dieses Hinhören tritt der Lärm der Straße mit ihrer Geschäftigkeit und ihrem Verkehr zurück – und etwas Neues wird vernehmbar: die Sprache der Töne, Musik. Das ist etwas, was hinter dem bloßen Geräusch, den Schallwellen, liegt: etwas Geistiges, etwas Schönes, der Ausdruck eines menschlichen Gefühls.

Es gibt Mikrophone und Geräuschmesser, die unserem Ohr überlegen sind, weil sie auch noch Wellenbereiche aufnehmen, die wir nicht mehr hören können. Und doch hat unser Ohr, weil es mit einer menschlichen Seele verbunden ist, eine unersetzbare Fähigkeit: Es kann in dem Durcheinander von Tönen eine Gestalt wahrnehmen, den Rhythmus und die Melodie heraushören; es kann einen Akkord als angenehm oder als hart empfinden – ja, es kann in der akustischen Phantasie auch Dinge erklingen lassen, die nie Töne von sich geben. So vermag ein Komponist eine Landschaft musikalisch zu beschreiben; für ihn werden auch »Bilder einer Ausstellung« zur Musik.

Doch nicht nur für die Musik sind unsere Ohren geschaffen. Sie sind auch empfänglich für jene Sprache der Dinge, die wir normalerweise überhören und in die uns die Dichter einführen: in Geräusche der Natur, die unsere Gefühle ausdrücken oder die eine Botschaft an uns haben. Kinder und einfache Menschen haben noch diese Fähigkeit zu hören. Auch im Märchen kommt sie vor: Da rauscht ein Quell und verrät dem Wanderer das Rätsel, nach dem er schon lange gesucht hat. Sollten wir diese Fähigkeit, die Botschaft der Dinge zu vernehmen, völlig verloren haben? Nein. Zumindest nicht, wenn wir uns an Menschen halten, die sich dieses Gehör bewahrt – oder sagen wir: die es sich wieder mühsam erworben haben. Wir müssen bei glaubenden Menschen in die Schule gehen, um jene Botschaft Gottes, die er durch alle Ereignisse unseres Lebens hindurch spricht, wieder zu verstehen, oder sagen wir: wieder mühsam zu erlernen. Worte von Gott – das sind tröstende und aufrüttelnde Worte, beruhigende und berufende, Lockrufe in die Wüste und Begrüßungen zum Gastmahl. Worte – so vielgestaltig wie die menschliche Sprache, so bedeutungsvoll wie die Beziehung, über die sie sprechen, über die Beziehung zwischen Mensch und Gott.

Wenn Gott ein Ton wäre, ein Akkord, eine Harmonie – wie würde er für Sie klingen? Die Sphärenklänge früherer Naturphilosophen und Dichter, das Wunschbild des Zusammenklangs aller Menschen und Dinge des Alls – das sind solche Versuche, sich die Gegenwart Gottes in allen Dingen akustisch vorzustellen. Schon in dieser Welt sollten wir jene Fähigkeit, jenes »geistliche Gehör« entwickeln.

Dazu ein Vorschlag: Stellen Sie sich Ihren heutigen Tag als ein Musikstück vor, ein Stück in mehreren Sätzen, wenn Sie wollen. Da gab es eine Einleitung, die Angabe eines Themas, Wiederholungen und komplizierte Durchführungen, ermüdende Teile und solche, die aufhorchen ließen; Passagen, bei denen Sie in Schwingung gerieten, und solche, bei denen Sie aus dem Rhythmus kamen. Sicher waren es nicht nur Sie selbst, die an diesem Musikstück mitgespielt haben. Es waren Menschen, die mit herein-spielten, Zufälle, Ereignisse. Und hinter diesen stand letztlich Gott. Ja, auch er spielt mit. Nicht so sehr, wie mir scheint, an der ersten Geige oder am Dirigentenpult, sondern wie ein Freund, der Ihr Instrument wieder stimmt, wenn es sich verstimmt hat, oder der Sie zum Weiterspielen ermuntert, wenn Sie der Mut verläßt; oder der mit Ihnen die Partitur Ihres Lebens durchgeht und Sie verstehen läßt, warum manches so hart klingen muß.

Noch etwas könnte uns bei diesem Vergleich trösten: Er wird auch morgen wieder mitspielen; er hört nicht auf, in unserem Leben mit dabeizusein. Er hüllt sich nicht in Schweigen, sondern wird auch morgen – ja, schon diesen Abend – ein neues Wort, eine andere Melodie für Sie bereithalten. Sollten da nicht auch wir ihm ein »neues Lied singen« (Ps 96), einen neuen Dank beten?

IX Gott sehen

Einer meiner Hochschullehrer, die mich auch als Christen beeindruckten, war Professor für Rechtsphilosophie. Er ließ einmal beiläufig in seine Vorlesung einfließen: Eines der Bilder, die für ihn am meisten eine religiöse Haltung zum Ausdruck bringen, sei der Stuhl in einer Bauernstube von Vincent van Gogh. Die staunende Ehrfurcht und Aufmerksamkeit, mit welcher der Künstler diesen einfachen Gegenstand erfaßt und von innen her zum Leuchten gebracht habe, sei dem Sehen der Dinge im Glauben sehr ähnlich.

Die innere Gestalt der Dinge, ihr Leuchten von innen her wahrzunehmen, das heißt: nicht bei dem stehenbleiben, was unser Alltagsbewußtsein über sie weiß, sondern nach dem Zusammenhang fragen, in dem sie stehen, nach den inneren Bildern suchen, welche durch das aufmerksame Betrachten in mir wach werden, um so zu einer »Botschaft« zu kommen, die für mich wichtig ist. Ein solches »Schauen« der Dinge ist eine Fähigkeit, die wir immer wieder üben sollten, um nicht beim vordergründigen Sehen stehenzubleiben. Ein solches Schauen braucht Zeit und Muße, es braucht die Geduld eines suchenden Glaubens. Es geht letztlich um eine Lebenssicht, bei der ich mir die Augen immer neu öffnen lasse und bereit bin, die Dinge anders zu sehen, als ich es bisher getan habe.

Wenn wir ehrlich sind, haben wir ein derartiges Sehvermögen weitgehend verloren. Und das, obwohl man unser Zeitalter das »optische Zeitalter« nennt. Es ist wahr: Noch nie gab es eine solche Fülle von Bildern, von reproduzierten Gemälden, von gedruckten und ausgestrahlten Fotos und Filmen wie in unseren Tagen. Aber auch noch nie hat diese Bilderflut, weil sie wahllos konsumiert wird, unsere Augen derart verschmutzt und den Kanal der stellungnehmenden Verarbeitung derart verstopft wie heute. Liegt es daran, daß wir unsere Augen nur noch »kitzeln« lassen wollen durch Bilder, die unsere Gefühle kurzzeitig erregen, und uns nicht die Mühe machen, durch unsere Augen Dinge heranzuholen, die uns etwas angehen sollten?

Dabei ist es gerade der Vorteil der Augen, eine schier unbegrenzte Reichweite zu haben. Um einen Gegenstand zu schmecken, muß ich ihn an den Mund heranführen können. Um ihn zu betasten, muß ich an ihn herangehen und mit meinem Körper berühren können. Um ihn zu riechen, darf ich nicht zu weit entfernt sein. Die Hörweite reicht schon einige Kilometer. Aber nur das Auge kann bis in das Weltall vordringen. Es hat von unseren fünf Sinnen die größte Reichweite.

Das Auge kann die Dinge aber nicht nur heranholen, sondern in umgekehrter Richtung auch von uns distanzieren. Das ist wohl der Grund, weshalb man das Auge als den intellektuellsten Sinn bezeichnet: Indem ich etwas in kritischer Distanz von mir halte, werde ich nicht einfach davon beeindruckt, sondern kann es in der nötigen Unvoreingenommenheit betrachten. Das gilt für die wissenschaftliche Betrachtungsweise, aber auch für andere Versuche des kritischen Nachdenkens über mein Leben.

Es gibt aber Lebenssituationen, wo wir nicht nachdenken, sondern spontan handeln sollten; wo das Sehen der Dinge uns dazu bringen sollte, sie uns etwas angehen zu lassen. Wer bei einem Verkehrsunfall Nur-Zuschauer bleibt, obwohl er helfen könnte und es vor ihm noch niemand getan hat, der »sieht und geht vorüber«, wie es im Evangelium heißt (Lk 10, 31). Wir sehen oft, ohne uns so weit anrühren zu lassen, daß wir etwas zu tun beginnen. Die Massenmedien mit ihre Fülle von Schreckensnachrichten scheinen uns förmlich zu dieser auf Distanz bleibenden Haltung zu »zwingen«. Freilich lassen wir uns diesen Augenkitzel auch gern gefallen und sind mit ihm einverstanden: beim Schauen auf Nacktheit, auf Grauen und auf Komisches. Doch bei all dem bleiben unsere Augen zu sehr am Vordergründigen hängen, sehen nicht mehr, was eigentlich zu sehen notwendig wäre, und werden so blind für die Zusammenhänge.

Ja, es scheint: Nur wer seine Augen vor der grellen Außenseite der Dinge »abblendet« und sie nach innen kehrt, nur der vermag wirklich zu sehen. Das Einfache, das Schöne, das Abgründige liegt nicht außen, sondern muß aufmerksam gesucht werden. Und es muß in Muße und Stille dazu kommen können, daß dieses Einfache und Schöne uns etwas angeht, uns anrührt und uns über die verborgene Gegenwart Gottes in unserem Leben erzählt. Mir scheint, wir brauchen nichts so sehr wie diese geistliche Schau der Dinge von Gott her und auf ihn hin. Das Licht, das auf den Dingen liegt, kann uns ein Zeichen für ihre Verbindung mit Gott sein: das Leuchten auf dem Gesicht eines Menschen, das Strahlenbündel, das ein Moospolster vom dunklen Waldboden abhebt, oder eine Häuserfront, die vom Abendlicht unerwartet vergoldet wird. So als wollte Gott sagen: Wie viel Schönheit bekommen die Dinge, wenn mein Licht sie bestrahlt!

Am besten, Sie schließen jetzt für einige Augenblicke Ihre Augen. Wenn Sie sie wieder öffnen, dann gibt es in dem Raum, in dem Sie sich gerade befinden, sicher ein Detail, das Ihnen gerade jetzt in einem neuen Licht erscheint. Freuen Sie sich darüber und versuchen Sie, darin eine Botschaft Gottes an Sie zu entdecken, ein Durchscheinen seiner Schönheit. – Wenn wir uns darin ein wenig üben und Geduld mit uns haben, dann können unsere Augen ein neues, geistliches Sehvermögen bekommen, den Blick für die Gegenwart Gottes in dieser Welt.

X Gott schmecken

Bei der Suche nach religiösen Erfahrungen, bei denen unsere Sinne bewußt einbezogen werden, stieß ich auf eine Geschichte aus dem Judentum*):
Am Vorabend des Versöhnungstages teilte Rabbi Baruch unter die Gäste an seinem Tisch Süßigkeiten aus. Dabei sprach er: »Ich liebe euch sehr, und was irgend ich in der Welt Gutes weiß, möchte ich euch geben. Haltet euch nur daran, was im Psalm (34, 9) gesagt wird: ›Kostet und merket, daß der Herr gut ist‹. Kostet recht, und ihr werdet merken: Wo etwas Gutes ist, ist der Herr.« Und er stimmte das Lied an: »Wie gut ist unser Gott, wie lieblich unser Los!«

Wir sollen nach der Meinung dieses Gottesgelehrten die Dinge unseres Lebens verkosten und herausfinden, wo der Herr ist. Wir sollen Geschmack finden an seinen Gaben und froh darüber werden, daß er gut zu uns ist. Sicher hat unser Leben auch herbe Seiten, es bringt Erfahrungen, die bitter schmecken. Aber es gibt immer wieder Zeiten, da wir das Gefühl haben, herzhaft hineinbeißen zu dürfen und genug zu bekommen. Die Bibel beschreibt unsere endgültige Gemeinschaft mit Gott als

*) aus: Martin Buber, Die Erzählungen der Chassidim (Manesse-Verlag), S. 183

ein großes Gastmahl, bei dem wir in Freude mit allen Menschen – auch mit denen, die vor uns und nach uns gelebt haben – zusammensitzen und essen und trinken: ein wirklich sinnenfrohes Bild für das, wonach wir uns sehnen.

Zugleich ist das ein Bild, das viel Verständnis für unsere elementaren Bedürfnisse verrät. Wenn wir ein kleines Kind beobachten, so ist der Geschmackssinn der erste, mit dem es die Welt erobert. Alles wird in den Mund genommen, von allem wird ausprobiert, wie es schmeckt und ob es eßbar ist. Das essende Sicheinverleiben, das Kennenlernen im Schmecken, ist die früheste Art der Kontaktaufnahme, die wir Menschen entwickeln. Sicher ist es auch die rabiateste und am meisten ichbezogene: Im Kauen zerstören wir das, was wir essen, wir weichen es auf und verwandeln es schließlich in Stoffe, welche in unser Blut übergehen. Die Übernahme in den eigenen Organismus – keine Vereinigung ist so gewalttätig, keine aber auch so total wie diese Form des Einswerdens. »Ich habe dich zum Fressen gern«, sagen wir in einer unbewußten Ahnung von dieser grausamen Möglichkeit, die gleichzeitig einer unserer tiefsten Wünsche ist.

Ist Gott nicht in gewisser Weise auf diesen Wunsch eingegangen? Weil er in seinem Sohn leibhafte Verbindung zu uns suchte, wollte er, daß wir ihn nach seinem Weggang gegenwärtig erfahren im Essen und Trinken zu seinem Gedächtnis. Im Brot und Wein der Eucharistie gibt Gott uns ein Zeichen dafür, wie sehr er uns stündlich nähren will mit seiner Nähe und seinem Wort. Diese Nähe und dieses Wort ist erfahrbar in jedem Ereignis unseres Lebens – sobald wir es in Bezug setzen zum Leben Jesu Christi und seinem endgültigen Sieg über den Tod. In der Erfahrung, daß das Leben von ihm her einen Sinn bekommt, beantwortet Gott alles Fragen und allen Hunger dieser Welt. Von Jesus Christus heißt es beim eucharistischen Segen: »Brot vom Himmel hast du uns gegeben, das alle Süßigkeit in sich enthält.« Indem wir uns dieses Brot einverleiben, können wir kosten, daß Gott gut zu uns ist.

Die Fähigkeit zu kosten ist uns weitgehend verlorengegangen – und das nicht nur in diesem geistlichen Verständnis. Durch die Vielesserei, die bei uns in Mode gekommen ist, haben wir unsere Geschmacksnerven eher abgetötet als verfeinert. Wer nimmt sich noch die Zeit, dem würzigen Geschmack eines trockenen Brotes in langsamem Kauen nachzuspüren, wer läßt noch den Geschmack eines guten Weines auf der Zunge zergehen, anstatt ihn fühllos hinunterzugießen? Auch hier sind wir kultur- und maßlos geworden, haben vor lauter Gier das Genießen verlernt.

Im Lateinischen heißt Weisheit wörtlich »Geschmackskunst«, die Fähigkeit, im Nachschmecken die Dinge zu verkosten und voneinander zu unterscheiden. Dieses Verkosten und Unterscheiden bezeichnet zwei Momente jeder bewußt vollzogenen Lebenserfahrung. Das Leben gibt uns vieles zu »schmecken«, Angenehmes und Bitteres. Aber wieder gilt: Wenn wir es vom Schicksal Jesu Christi her verstehen, dann läßt sich bei allem die Anwesenheit Gottes herausspüren, dann läßt sich die »unendliche Süßigkeit der Gottheit«*) schmecken, mit der er in Christus unter uns war und heute noch ist.

Im Verkosten der Dinge unsere Erfahrungen mit Gott sammeln: mit den Gaben, die er uns gibt, vor allem in der Selbsthingabe seines Sohnes – damit sollten wir immer wieder beginnen. Um das zu üben, könnten Sie wieder Ihren vergangenen Tag hernehmen und ihn als Menü auffassen, das Gott für Sie zusammengestellt hat. Was kam Ihnen heute wohlschmeckend vor, wo gab es fade oder bittere Abschnitte, wie hat die Arbeit, wie haben Begegnungen und Ereignisse »geschmeckt«? Durch alle Geschmacksabstufungen hindurch können Sie ihn herausschmecken, der Sie diesen Tag leben ließ. Und auch wenn es nicht immer angenehm schmeckte, es ist doch möglich zu »merken, daß der Herr gut zu uns ist«. Geben wir ihm und uns die Zeit, diese Erfahrung zu machen!

*) vgl. Exerzitienbuch des Ignatius, Nr. 124

XI Gott ertasten

Welche Fähigkeit von uns kann die Tiefe der Wirklichkeit erfassen? Welches unserer Tore zur Welt, welches Sinnesorgan ist in der Lage, bis zu jenem Urgrund vorzudringen, den wir Gott nennen? Welches Gespür ist fein genug, um seine Gegenwart wahrzunehmen? Wir denken zuerst an das höchste geistige Vermögen, das wir besitzen, an unseren Verstand. Aber sein begriffliches Erfassen kommt an seine Grenzen, wo er sich dem nähert, der über alle unsere weltlichen Begriffe hinaus wirklich und mächtig ist. Er kann sich gleichsam nur noch mit geschlossenen Augen in analogen Aussagen vortasten. Vortasten – das beinhaltet einen Vorschlag, es doch mit den Sinnen, mit unserem Fühlen und Hören zu versuchen. Sicher müssen wir dazu fein-sinniger, feinfühliger werden, müssen unseren Tastsinn in einer besonderen Weise kultivieren. Im Getriebe unseres Alltags sind wir oft empfindungslos: In unserer Geschäftigkeit schlagen wir wie wild um uns, werden von anderen geschlagen und gestoßen, in einem Gedränge hin- und hergeschoben. Wir leben in einer Zeit, in der man sich keine Zeit mehr nimmt für einfühlende Gesten, für beruhigende Umarmungen oder leise Zärtlichkeiten. In dem Bereich, wo wir üblicherweise davon sprechen, dem Bereich der Erotik und des sexuellen Spiels, erwarten viele Menschen die schnelle Aufgipfelung der Gefühle, den totalen Rausch der Empfindungen oder die Bestätigung der Potenz im Sinne einer Leistung. So sind wir bis in diesen intimen Bereich unserer Lebenskultur leistungsbesessen, ungeduldig und maßlos geworden. Kein Wunder, daß wir auch bei den anderen, nicht ausgesprochen erotischen Kontakten unseres Lebens hilflos und unfähig zur Einfühlung sind. Kontakt heißt Berührung. Berührungen zwischen Eltern und Kindern, zwischen Geschwistern und Freunden, zwischen Menschen, die ihrer Verbundenheit leibhaften, sinnenhaften Ausdruck zu geben versuchen. Der Friedensgruß in der Messe, die Handauflegung, wie sie in der neuen Beichtordnung vorgesehen ist – wie ratlos und gehemmt sehen diese Gesten oft aus!

Sehen wir auf Jesus, so war er auch in dieser Beziehung vollkommen Mensch, ja, ein vollkommener Mensch! Er berührt den Aussätzigen, der darunter leidet, daß niemand mit ihm Kontakt haben will. Er legt dem Taubstummen den Finger auf Ohr und Mund, wie um zu sagen: »Nicht wahr, hier bist du krank, unheil, gebunden?« Er gab Berührungen und er nahm sie auch an: von der Frau, die seine Füße salbte, von seinen Freunden, wenn sie ihn begrüßten – selbst als einer ihn mit dieser Umarmung verriet. In seiner Zärtlichkeit war Jesus ganz Mensch – und er war gleichzeitig das Bild des liebenden Gottes. In dem Ernst seiner Zuneigung gab er ein Zeugnis von der Zärtlichkeit Gottes.

Die Überzeugung, daß Gottes Liebe zu uns sich derart verleiblichen wollte, gibt mir den Mut, Sie zu fragen:

Wenn Gott eine Berührung wäre, eine Zärtlichkeit – welche Geste wäre es für Sie? Jetzt, heute – welche täte Ihnen gerade jetzt besonders gut? Vielleicht ein Massieren von Schulter und Hals, wo Sie vom Sitzen an der Schreibmaschine noch verspannt sind?
Sie können selbst Ihre Schultern leicht bewegen, so alle Halsstarrigkeit abfließen lassen und sich sagen: Vor Gott brauche ich den Kopf nicht krampfhaft hochzuhalten, vor anderen muß ich Haltung bewahren – vor ihm nicht.

Oder Sie legen Ihre Hand auf den Unterbauch, eine Handbreit unterhalb des Bauchnabels, und sagen sich: Bis dort hinab darf ich atmen, darf mein Atem, das fühlbare Leben, in mich hineinströmen – ein Leben, das ich mit jedem Atemzug neu von Gott empfange.
Oder denken Sie an – besser: fühlen Sie – eine Berührung Ihres Gesichtes. Kann nicht der Abschied von Ihrem Ehepartner heute morgen, von der alten Mutter, die Sie jetzt wieder erwartet, ein kleiner Anfang jener unaussprechlichen Berührung gewesen sein, welche Ihnen Gott schenken will?

Oder Sie erinnern sich an Ihren Urlaub: Wie der Abendwind Ihren ganzen Körper sanft umspülte, wie er leicht mit Ihren Haaren spielte. All diese Berührungen können Zeichen sein für die Zärtlichkeit Gottes, für die Art, wie er uns umfängt. Ich kann sie ahnen, wenn ich beim Gebet meine Arme vor meiner Brust verschränke und mir vorstelle: so und unbegreiflich mehr umarmt mich Gott.

Vielleicht wird mir dabei ein bißchen fühlbar, was der Psalmist sagt (139, 5): »Du hältst mich von hinten und vorn umschlossen, hast deine Hand auf mich gelegt. Zu wunderbar ist es für mich und unbegreiflich, zu hoch, als daß ich es faßte.«

XII Gott im Geruch wahrnehmen

Ich weiß nicht, ob Sie Weihrauch im Gottesdienst mögen, ob Sie ihn – wenigstens wenn er sparsam verwendet wird – als wohlriechend empfinden. Tatsache ist, daß wohl alle Religionen wohlriechende Substanzen in ihren Kulträumen abbrennen – im Osten meist in Form der Räucherstäbchen, im Westen als Körner in einer Räucherpfanne. Wie ist es möglich, im Riechen etwas von Gott zu erfahren, im Aufsteigenlassen von Weihrauch etwas über unsere Beziehung zu ihm auszudrücken?

Gott – riechen? Passen diese beiden Worte überhaupt zusammen? Eines ist sicher: Bei der Begegnung von Personen spielt das Riechen durchaus eine Rolle. »Ich kann ihn nicht riechen«, sagen wir über jemanden, den wir unsympathisch finden. Verglichen mit anderen Lebewesen, den Hunden zum Beispiel, ist unser Geruchssinn verkümmert. Dennoch liegt uns viel daran, bei anderen »in einem guten Geruch zu stehen«, wir sind daran interessiert, daß über uns kein falsches Gerede, kein »Gerücht« über uns entsteht. Die ganze Deodorantindustrie lebt von unserer Angst, einen schlechten Geruch zu haben, so zu sein, daß andere »uns nicht riechen können«. Um das zu verhindern, kann man sich mit einem Parfüm einen aparten Geruch zulegen, ja, man kann mit einem ausgesuchten Parfüm auf sich aufmerksam machen.

So können Gerüche betören und verzaubern. Wir nehmen Blumen zum Rendezvous mit, um der Begegnung den

Zauber von bunten und duftenden Blumen zu geben. Düfte sind durchdringend, sie lassen sich nicht aufhalten – denken Sie nur, wie der Geruch einer übergelaufenen Milch sich bis in das letzte Zimmer ziehen kann. Ja, Düfte können wie keine anderen Sinneseindrücke eindeutig abstoßen oder anlocken, high machen, in Trance versetzen oder uns übel mitspielen.

Doch wie kann man – Gott riechen? Besitzt er überhaupt einen Geruch? In sich ist Gott Geist, nur Materie kann riechen. Aber Gott will mit all unseren Kräften, auch mit unseren körperlichen Fähigkeiten ersehnt und erahnt werden. Daher sollen auch unsere Sinne versuchen, ihn zu erreichen, ihn zu erriechen. Sicher ist das nur ein hilfloser Versuch und lediglich in einem übertragenen Sinn möglich. Aber in diesem Versuch steckt die Aufforderung, bis an die äußerste Fassungskraft unserer Sinne zu gehen – wie wir auch an die Grenzen unseres Verstandes gehen müssen, um im Denken Gott näherzukommen. Gott riecht – das gilt nur als Vergleich, in einem Verständnis, das gleichzeitig um seine Unfähigkeit weiß.

Dennoch: Wie riecht Gott – für mich? Oder richtiger: Wie würde er für mich riechen, wenn er Geruch hätte? Jeder von uns empfindet da anders, jeder von uns hat einen anderen Lieblingsgeruch, eine andere Vorstellung von Fülle, von duftendem Reichtum, der deswegen nicht erschlagen muß.

Gott riecht? Vielleicht denken Sie da an Gerüche zurück, die Sie heute oder in den letzten Wochen bewußt in sich

aufgesogen haben: den Geruch einer einfachen, würzigen Bergblume etwa, eines blühenden Strauches oder einer einzelnen Rose, die Sie geschenkt bekamen, oder den Geruch einer warmen Stube mit Kaminfeuer.
Gott riecht für uns in einer unaussprechlichen Weise – daran will uns der Weihrauch in der Kirche erinnern. Aber er will auch etwas über unser Verhältnis zu ihm sagen, darüber, wie wir für ihn riechen sollten. Der Prophet Jesaja spricht davon, daß ein gottesfürchtiges Leben dem Herrn ein Wohlgeruch sei (11, 3), der Apostel Paulus will durch seine Missionstätigkeit Christi Wohlgeruch unter den Menschen verbreiten (2 Kor 2, 15).

Unser Leben – ein wohlriechender Duft für Gott und die Menschen? Diese Perspektive macht uns vielleicht bewußt, wie wenig gute, wohlriechende Seiten wir an uns haben. Denn unsere Geschäftigkeit hat eher die Eigenschaft von lärmenden Motoren und Maschinen: sie machen Krach und stinken. Gut riechen – das könnte nur eine gesammelte und bescheidene Lebenshaltung, ein Mensch voll Güte und Wärme, Interesse am Guten im anderen, ein Mensch, der sich entschieden für gerechte Verhältnisse in unserer Gesellschaft einsetzt, über den es kein Gerücht von Bestechung geben könnte. Gott riechen und selbst vor ihm ein Wohlgeruch sein – ein Gedanke, der unser Gebet lenken könnte: jetzt und immer wenn wir einen angenehmen Geruch in die Nase bekommen – und nicht zuletzt bei den Weihrauchwolken im Gottesdienst.

XIII »Laß Deinen Packesel in Frieden grasen!«

Wenn Sie an die Predigt Jesu denken – welche Sätze fallen Ihnen da spontan ein? Schließen Sie vielleicht kurz die Augen und warten Sie, welche Sätze sich bei dem Stichwort »Predigt Jesu« in Ihnen melden...

Ich vermute, es waren Sätze aus der Bergpredigt, Sätze die eine Verpflichtung oder ein Verbot einschärften. Andere, entlastende Worte, die Jesus auch gesagt hat, fallen uns weniger schnell ein. Z.B. »Kommt alle zu mir, die Ihr Euch plagt und schwere Lasten zu tragen habt. Ich werde Euch Ruhe verschaffen. Nehmt mein Joch auf Euch... Denn mein Joch drückt nicht und meine Last ist leicht« (Mt 11,28–30). Oder das Wort Jesu an seine Jünger, nachdem sie von ihrer ersten Predigtreise zurückgekehrt waren: »Kommt mit an einen einsamen Ort, wo wir allein sind, und ruht ein wenig aus« (Mk 6,31).

Daß wir solche Worte Jesus so wenig zutrauen, hat den österreichischen Schauspieler Hans Jaray folgende Legende von Jesus und dem Esel schreiben lassen:

Ein frommer alter Mann in Judäa erfuhr eines Tages, daß Jesus von Nazareth auf einem nahen Berg weilte. Er hatte viel von ihm gehört und lange gewartet, um ihn leibhaftig zu sehen. Aber er wollte nicht mit leeren Händen kommen. Er hielt es für schicklich, dem großen Mann eine Gabe zu bringen, und zwar eine kostbare. Rasch entschlossen ging er in den Stall, riß seinen Esel von der Futterkrippe und trieb ihn hinaus auf die Straße.

Es war ein heißer Sommertag. Kein Wunder, daß der Esel sich nicht beeilen wollte, um so weniger, als er beim Mittagsmahl gestört worden war. Aber dafür hatte sein Herr kein Verständnis. Wenn er mit seinen zwei alten Beinen den steilen Weg und die Sommerhitze nicht scheute, warum sollte ein junger Esel mit vier Beinen den Müden spielen? Zuerst redete er ihm in Güte zu, bald aber riß seine Geduld. Schlagen konnte er ihn nicht, denn er hatte in milder Stimmung die Peitsche daheim gelassen. So blieb ihm nichts anderes übrig, als den Strick um den widerspenstigen Nacken enger zu ziehen und den grauen Dickschädel mit Gewalt über Stock und Stein den Berg hinaufzuzerren. Als er endlich atemlos oben ankam, erblickte er zu seiner Überraschung einen jungen Mann, der wie viele andere aussah und mit ganz schlichten Worten zu der Menge redete wie zu einem guten Freund. Verwundert blieb er abseits stehen, wogegen sein bockiger Begleiter sich niederlegte und alle viere von sich streckte. Nachdem der Herr zu Ende gesprochen hatte, fiel sein Blick auf den Alten, dem die Zunge heraushing wie seinem erschöpften Esel.

Langsam näherte Er sich den beiden. Zuerst fragte Er den Mann nach seinem Namen und dem seines Heimatortes, dann betrachtete Er das Tier, das trotz Zerren und Fußtritten seines Herrn alle viere gerade sein ließ und nicht daran dachte, sich zu erheben. »Er ... er ist ... er ist nicht immer so«, stotterte der Alte. »Sonst ... sonst ist er sanft und gehorsam. Willig zieht er jeden Karren, keine Last ist seinem Rücken zu schwer, die steilsten Pfade klettert er hinauf und wird nicht müde. Nimm ihn gnädig von mir an. Ich habe ihn Dir mitgebracht. Er wird Dir gute Dienste leisten.« Und abermals versuchte er ihn mit Gewalt auf die Beine zu bringen, doch vergebens. Der Faulpelz legte die Ohren zurück, machte einen Buckel und streckte sich zur allgemeinen Heiterkeit noch bequemer aus.

»Warum willst du mir deinen Esel schenken?« fragte der Herr. – »Weil ... weil Du Blinde sehen, Lahme gehen gemacht und Tote wieder zum Leben erweckt hast«, war die Antwort. – »Deshalb willst du ihn verschenken, und noch dazu gegen seinen Willen, wie es scheint?« – Da brauste der Alte auf: »Er hat nichts zu wollen! Er ist ein Esel und hat zu gehorchen!« – Der Herr lächelte und sagte: »Behalte Deinen Esel.« – Der Alte sah ihn bestürzt an: »Aber ... aber glaube mir, er ... er ist ein gutes Tier, auch wenn er sich jetzt so eigensinnig gebärdet, er ist gehorsam und brav. Du wirst weit und breit keinen treueren Esel finden.« – »Um so sorgsamer solltest du ihn hüten«, erwiderte der Herr. – »Was kann ich besseres ihm tun, als ihn Dir zu geben?« – »Spanne ihn vor keinen Karren mehr«, antwortete der Herr, »lasse ihn keine Last mehr tragen, treibe ihn keinen steilen Pfad mehr hinan.«

Ein verwundertes Raunen ging durch die Menge. Ratlos stammelte der Alte: »Ja aber … wo… wozu ist er dann noch gut? Was … was soll ich mit ihm anfangen?« – Da sprach der Herr klar und für alle vernehmlich: »Laß ihn in Frieden grasen.« Dann ging Er ruhig seines Weges weiter.

Auf die Frage, ob diese Legende in der Bibel steht, läßt der Romanautor den Erzähler sagen: »Meines Wissens nicht. Wahrscheinlich ist diese Seite im Lauf der Jahrhunderte verlorengegangen.« (Hans Jaray: Es fehlt eine Seite. München: Herbig 1981, S. 321–324.)

Ist diese Seite nicht auch in unserem Lebensbuch weitgehend verlorengegangen? Lassen wir den Packesel, der wir selber sind, einfach grasen! Spannen wir ihn aus und geben ihm Ruhe – jetzt in diesen Minuten der Besinnung und auch sonst regelmäßig in unserem Alltag. Nicht umsonst heißt der Tag des Ausruhens auch Tag des Herrn. Jeder Tag sollte ein bißchen Tag des Herrn, ein bißchen Sonntag sein. Denn wir heiligen die Tage nicht nur durch unsere guten Absichten, nicht nur mit unserer Arbeit, sondern auch durch die Pausen, die wir uns gönnen. Eines ist sicher: Gott gönnt sie uns gewiß. Wir sind es, die da knausrig sind.

XIV Unser Bruder Esel: der Leib

Es gehört zu den erstaunlichen Kennzeichen des hl. Franz von Assisi, daß er zu allen Menschen und allen Geschöpfen der Natur ein intimes Verhältnis hatte. Er sprach von »Bruder Sonne«, »Schwester Wasser«, ja sogar von »Bruder Tod«. Eine erstaunliche Gefühls- und Redensweise, die wir nicht einfach kopieren können. Aber sie sollte uns doch zu denken geben.

Nicht wahr: wenigstens unser Körper könnte uns so vertraut, so nahe sein, daß das Wort »Bruder« für ihn paßt. Wir jedoch behandeln ihn oft als bloßes Instrument, als einen Knecht, der sich unserem Geist, unseren Zielsetzungen und Arbeitsplänen unterzuordnen hat. Wir nehmen ihn als Packesel, der sich müde und bockig stellt, der nicht versteht, daß wir jetzt dahin müssen, und zwar schnell. Einfach ein dummer Esel!

Genau derselben Meinung war der Seher Bileam, von dem uns das Alte Testament erzählt (Num 22). Er besaß einen Esel, mit dem er oft auf seinen Reisen im Dienst des Königs von Moab unterwegs war. Diesmal hatte er den Auftrag, gegen das durchziehende Volk Israel, dessen Herden die Weiden der Moabiter abzufressen drohten, heilige Flüche und Verwünschungen auszusprechen. Weil sich der König militärisch unterlegen fühlte, versuchte er es mit den religiösen Waffen des Bileam.

Der Seher zog also los mit seinem Esel. Da stellte sich der Engel Jahwes, so wird erzählt, in den Weg, um Bileam davon abzuhalten. Bileam merkt nichts, wohl aber der Esel. Es heißt da: »Der Esel sah den Engel des Herrn auf dem Weg stehen, mit dem gezückten Schwert in der Hand, und er verließ den Weg und wich ins Feld aus. Da schlug ihn Bileam, um ihn auf den Weg zurückzubringen. Darauf stellte sich der Engel des Herrn auf den engen Weg zwischen den Weinbergen, der zu beiden Seiten Mauern hatte. Als der Esel den Engel des Herrn sah, drückte er sich an der Mauer entlang und drückte dabei das Bein Bileams gegen die Mauer. Da schlug ihn Bileam wieder. Der Engel des Herrn ging weiter und stellte sich an eine besonders enge Stelle, wo es weder rechts noch links eine Möglichkeit gab auszuweichen. Als der Esel den Engel des Herrn sah, ging er unter Bileam in die Knie. Bileam aber wurde wütend und schlug den Esel mit dem Stock.

Da öffnete der Herr dem Esel den Mund, und der Esel sagte zu Bileam: Was habe ich dir getan, daß du micht jetzt schon zum drittenmal schlägst? Bileam erwiderte dem Esel: Weil du mich zum Narren hältst. Hätte ich ein Schwert dabei, dann hätte ich dich schon umgebracht. Der Esel antwortete Bileam: Bin ich nicht dein Esel, auf dem du seit eh und je bis heute geritten bist? War es etwa je meine Gewohnheit, mich so gegen dich zu benehmen? Da mußte Bileam zugeben: Nein.

Nun öffnete der Herr dem Bileam die Augen, und er sah den Engel des Herrn auf dem Weg stehen, mit dem gezückten Schwert in der Hand. Da verneigte sich Bileam und warf sich auf sein Gesicht nieder« (V. 23–31). Und Bileam sah ein, daß er mit seinem Vorhaben auf der falschen Fährte war; er änderte seine Absicht und segnete das Volk Israel.

Soweit die Geschichte von Bileam und seinem Esel. Wenn wir sie auf die Beziehung zu unserem Körper anwenden: Weiß unser Körper nicht oft viel früher als unser Geist mit seinen hochgesteckten Zielen, daß der Weg, den wir eingeschlagen haben, kein guter Weg für uns ist? Daß wir uns das Ziel, welches wir anstreben, nochmals überlegen sollten. Oder wenigstens darüber nachdenken, ob wir das Tempo, das wir angeschlagen haben, durchhalten können?

Unser Bruder Esel, der Leib, kann zwar nicht sprechen, aber er gibt seine Signale. Beim einen ist es der Druck in der Magengegend, beim andern sind es die Verspannungen im Rücken, wieder bei einem anderen das Kopfweh. Mindestens wenn wir uns vor Müdigkeit irgendwo anstoßen, wenn wir in die Knie gehen: dann wissen wir, daß wir die Signale unseres Körpers zulange überhört haben. Sollten wir nicht schon vorher für die leisen Signale – die Worte Gottes durch unseren Bruder Esel – hellhörig sein? Ja, wir sollten rechtzeitig auf ihn hören und unser Ziel überdenken, unseren Weg ändern oder wenigstens das Tempo verlangsamen.

Fühlen wir die paar Minuten, die wir uns Zeit genommen haben, einmal zu unserem Bruder Leib hin: wie spüre ich ihn? Im Bauchraum, im Rücken, in den Schultern, in den Beinen? Wie bin ich in meinem Körper da? Kann ich hören, was er mir sagen will? – Ja, wir sollten ihm öfters einfach zuhören – nicht nur auf ihn einschlagen wie Bileam.

XV In der Gegenwart zu Hause sein

Die U-Bahn fährt ein und wir sind am oberen Ende der Rolltreppe; oder wir sehen den Omnibus um die Ecke kommen und sind noch 50 Meter von der Haltestelle entfernt: unwillkürlich fangen wir da zu laufen an, um ja die U-Bahn oder den Bus nicht zu versäumen. Und wir tun das auch, wenn wir an sich noch Zeit haben; wenn wir nicht zu einer bestimmten Zeit an unserem Ziel sein müssen; wenn in einigen Minuten eine neue U-Bahn kommt oder wenn es gar nicht wahrscheinlich ist, daß der heranfahrende Bus unsere Linie ist. So eingefleischt ist unsere Furcht, zu spät zu kommen, etwas zu verpassen – daß wir automatisch zu hetzen anfangen, auch wenn uns diese Eile gar keinen wirklichen Gewinn bringt.

Sicher, manchmal müssen wir uns beeilen: wenn es der letzte Bus ist, wenn der nächste erst nach zwanzig Minuten fährt und wir einen bestimmten Anschluß brauchen. Aber es ist eigenartig, daß wir auch ohne diese vernünftigen Gründe wie automatisch zu rennen anfangen. Es lohnt sich, darüber etwas nachzudenken. Sich hetzen heißt: der Gegenwart vorauszueilen, den normalen, ruhigen Gang der Zeit zu beschleunigen. Und zwar ohne daß man den Zeitgewinn hernach auskostet: sind wir früher als im normalen Tempo am Ziel, dann hetzen wir von dort gleich wieder zum nächsten Termin.

So ist die Eile kein wirkliches Mittel mehr, um etwas zu erreichen; sie wird zum Selbstzweck, zur Methode, um aus der jeweiligen Gegenwart zu fliehen, zur Lebensform, die uns unfähig macht, in der Gegenwart zu verweilen, innezuhalten, einfach da zu sein. Die Hetze ist ein Ausdruck dafür, daß wir uns nicht mehr einzurichten verstehen bei uns selber, im Raum unserer Gefühle und Wahrnehmungen; wir sind unfähig zu Hause zu sein in der Zeit, die uns wirklich gehört: in der Gegenwart. Denn die Vergangenheit *war*, die Zukunft haben wir noch nicht: wirklich besitzen, uns in ihr breit machen: das können wir nur mit der Gegenwart.

Warum tun wir das so wenig? Wenn wir glücklich sind, dann wollen wir die Gegenwart festhalten. Daß sie uns so schnell wieder entgleitet, daß sich glückliche Augenblicke oder Stunden so selten einstellen, das liegt wohl *auch* an unserer Unfähigkeit, einfach da zu sein. Wir haben zu wenig Übung im ziellosen Einfach-Da-Sein. Ich meine nicht das Dösen, die Beschäftigung mit unseren Phantasien und Gedanken, sondern jene hellwache Wahrnehmung dessen, was gerade in uns fühlbar wird, was gerade um uns herum passiert. Dieses wache Dasein, das sollten wir mehr üben!

Nun, es ist nicht immer schön, das wirklich wahrzunehmen, was in uns da ist: die Angst, die mich unruhig macht, die Minderwertigkeitsgefühle, die mich bedrängen, die Wut, die in mir hochkommt. Es ist nicht leicht, dieses Durcheinander in uns auszuhalten, ohne gleich wieder aufzuspringen, etwas zu tun, uns mit etwas zu beschäftigen. Aber wirklich ruhig werden wir nur, wenn wir den Wellen in uns die Zeit geben, sich zu legen. Dadurch, daß wir wegschauen, verschwinden sie nicht.

Sie haben sich einige Minuten Zeit genommen, um einfach da zu sein. Erwarten Sie nicht, daß es sofort in Ihnen ruhig wird! Bleiben Sie geduldig im Nachspüren dessen, was sich in ihnen regt – im Spüren und Wahrnehmen, nicht im Denken! Sie brauchen wenigstens in diesen Minuten nichts zu lösen, nichts planen! Bleiben Sie im Wahrnehmen dessen, was um sie herum ist: die Kirche, in der Sie hier sind, die Höhe und Breite des Raumes, die relative Stille! Seien Sie nicht unzufrieden mit sich, wenn sich keine schönen oder erhebenden Gedanken einstellen. Versuchen Sie einfach, da zu sein – ohne ein bestimmtes Ziel, ohne einen besonderen Zweck.

Eines ist gewiß: bei dieser Übung des einfachen Daseins sind Sie der Wirklichkeit, Ihrer Wirklichkeit näher als wenn Sie wieder etwas tun, wieder etwas denkerisch lösen, wieder etwas beabsichtigen. Und wenn Ihnen das zu wenig fromm, zu wenig Gebet ist – denken Sie daran: bei sich sein, in der Gegenwart sein, ist der erste Schritt, um vor Gott da zu sein, ja es führt ganz natürlich dahin. Wenigstens wenn wir uns wirklich Zeit dazu nehmen; wenn wir die tägliche Übung des einfachen Daseins nicht aus Ungeduld vorzeitig abbrechen.

XVI Das Auf und Ab bejahen

Die neuen Digitaluhren sind erstaunliche Dinger. Selbst in der Größe einer Armbanduhr steckt mehreres drin: Zeitanzeige, Stoppuhr, Wecker, oft auch ein Rechner. Aber bei aller Perfektion sind es doch nur *äußere* Uhren: sie geben lediglich den 24-Stunden-Rhythmus des Tages und das Datum des bürgerlichen Kalenderjahres an.

Daneben gibt es noch andere Rhythmen, die ebenso wichtig für uns sind: z.B. die Funktionen unseres Körpers, die nach inneren Uhren ablaufen, obwohl wir meist wenig darauf achten. Herztätigkeit, Atmung, Blutdruck, Körpertemperatur, aber auch Hirntätigkeit und die Ausschüttung der verschiedenen Hormone haben ihre bestimmten, über den 24-Stundentag verteilten Rhythmen, sie laufen nach je verschiedenen Uhren ab. Konkret zeigt sich das tägliche Auf und Ab unserer Organe, ja unseres ganzen Körpers, wenn wir an die Morgenmüdigkeit denken oder unsere Schlappheit am Mittag.

Nicht mehr vorbeisehen können wir an der Existenz solcher innerer Rhythmen und Uhren, wenn wir einmal die Umstellungsschwierigkeiten nach einem Atlantikflug – aufgrund der Zeitverschiebung – an unserem eigenen Leib erfahren haben. Oder wenn wir an Schlafstörungen leiden, an körperlichen und psychischen Verstimmungen – wo die inneren Uhren gleichsam durcheinandergeraten sind und nicht mehr ineinander greifen, sondern »freilaufen«.

Neben diesen täglichen Rhythmen gibt es noch solche, die einen Zyklus von 23, 28 und 33 Tagen haben; man nennt sie meist einfach »Biorhythmen«. Sie beschreiben das Auf und Ab unserer körperlichen, seelischen und intellektuellen Leistungsfähigkeit, wie es sich über Wochen erstreckt. Dazu kommt noch der Rhythmus der Jahreszeiten. Auch das Wetter mit seinen Umschwüngen wirkt sich auf unsere Leistungsfähigkeit, auf unsere Stimmungslage und unser gesamtes Wohlbefinden aus.

Überhaupt sind es vor allem die Umschwünge und Übergänge, die uns dabei zu schaffen machen. Wenn wir einmal wissen und akzeptiert haben, daß wir heute nur weniger leisten können, dann kommen wir ganz gut damit zurecht. Übrigens auch unsere Umgebung, wenn wir ihr es offen mitteilen. Das eigentliche Problem liegt offensichtlich bei uns: daran, daß wir uns kein langsameres Tempo erlauben, daß wir zu wenig Pausen machen und uns keine Zeiten zum Umstellen zugestehen.

Aber fordert nicht der Glaube von uns, daß wir uns täglich abmühen, von uns etwas abverlangen, uns nicht gehen lassen? Ja, das stimmt. Wir sollen nach dem Evangelium wache Menschen sein; Menschen, die ein Ziel vor Augen haben und die darum kämpfen, es zu erreichen; die sich nicht zu gut sind für die tägliche Kleinarbeit; die konsequent »dranbleiben«. Aber das alles heißt noch lange nicht, daß wir es verbissen tun müssen, ohne Hoffnung auf Mithilfe, ohne Gelassenheit, ohne Verschnaufpausen...

An Gott glauben besagt doch zu allererst: ob es mit der Welt weitergeht, ob es vorwärtsgeht – das liegt nicht allein an uns. Das Entscheidende hat Gott getan und wird es täglich neu tun. Wir nennen es traditionell »Erlösung«. Oder anders ausgedrückt, Er selbst hat gezeigt, wie das geht: ein liebender, vertrauender, hoffender Mensch zu sein; und Er gibt uns täglich die Kraft, ihm darin ein wenig nachzufolgen. Er hat also schon die Hauptarbeit geleistet. Wir brauchen uns nur an ihn zu halten und mittun.

Deshalb kann Jesus sagen: »Kommt alle zu mir, die ihr euch plagt und schwere Lasten zu tragen habt. Ich werde euch Ruhe verschaffen. Nehmt mein Joch auf euch und lernt von mir; denn ich bin gütig und von Herzen demütig; so werdet ihr Ruhe finden für eure Seele. Denn mein Joch drückt nicht, und meine Last ist leicht« (Mt 11,28–30). Könnten diese Worte uns nicht dazu bewegen, das tägliche Auf und Ab bereitwilliger zu bejahen? Wer von sich und anderen verlangt, ständig in Form zu sein – der versteht schlicht nicht genug vom Leben, von seinen Rhythmen und Zeiten. Ist es denn so schlimm, wenn wir unsere gelegentlichen Grenzen und Leistungsausfälle einfach wie die Stunden- und Datumsanzeige hinnehmen und uns dann Verschnaufpausen zugestehen? Wiederum: Gott ist der letzte, der sie uns nicht gönnt. Das Problem liegt bei uns.

XVII »Alles hat seine Zeit« (Koh 3)

Silvester ist schon wieder einige Zeit her. Aber wenn wir daran denken, wie wir uns um Mitternacht von unseren Stühlen erhoben und mit Sekt auf das neue Jahr angestoßen haben – so gelöst und heiter haben wir seither selten auf die Fernsehuhr geblickt oder auf das Zeitzeichen im Radio gehört. Meist geht doch ein Druck von der Uhr aus: »Was, schon so spät?! Ich muß doch die S-Bahn erwischen, pünktlich in meiner Arbeit sein, rechtzeitig im Wartezimmer des Arztes, noch vor Ladenschluß etwas einkaufen...«

Warum setzt uns der Blick auf die Uhr so sehr unter Druck, warum bringt er uns so leicht in Streß? Die Uhr allein macht es nicht; es ist unser Umgang mit der Zeit, unsere falsche Zeiteinteilung. Sie wird dadurch falsch und unmenschlich, daß wir zuviele Erledigungen in eine Zeiteinheit, die sich nun einmal nicht dehnen läßt, hineinzwängen. Zeit ist immer knapp; wenn wir für eine bestimmte Sache Zeit haben wollen, müssen wir etwas anderes sein lassen. Mit Entschiedenheit Prioritäten setzen, das eine tun und das andere gar nicht erst anfangen – das ist eine hohe Kunst.

Aber auch eine Notwendigkeit, wenn wir nicht im täglichen Vielerlei, im Wust der kleinen Sorgen und Verrichtungen untergehen wollen. »Eines nur ist notwendig«, sagt Jesus zu Martha (Lk 10,42). Wenn wir nur immer für jede konkrete Situation wüßten, was das eine Notwendige ist! Um es herauszufinden, brauchen wir wohl jene Distanz, welche Maria, die Schwester der Martha, schon besaß.

Vielleicht hilft uns dabei das Lied von der Zeit, das sich im Alten Testament, im Buch Kohelet im 3. Kapitel, findet: »Alles hat seine Stunde. Für jedes Geschehen unter dem Himmel gibt es eine bestimmte Zeit: eine Zeit zum Gebären und eine Zeit zum Sterben, eine Zeit zum Pflanzen und eine Zeit zum Abernten der Pflanzen ... eine Zeit zum Weinen und eine Zeit zum Lachen, eine Zeit für die Klage und eine Zeit für den Tanz ... eine Zeit zum Umarmen und eine Zeit, die Umarmung zu lösen, eine Zeit zum Suchen und eine Zeit zum Verlieren, eine Zeit zum Behalten und eine Zeit zum Wegwerfen ... eine Zeit zum Schweigen und eine Zeit zum Reden ...« (Koh 3,1–7).

»Alles hat seine Zeit«, das heißt zunächst einfach: alles, was wir tun, *braucht* seine Zeit; wir können mit ihr nicht geizen, wenn wir etwas zu Ende bringen wollen. Alles hat seine Zeit, heißt ferner: wir müssen uns *auch für die schwierigsten Seiten* des Lebens Zeit nehmen, für die dunklere Rückseite der Dinge. Zum Leben gehört nicht nur das Lachen, sondern auch das Weinen; wir können nicht nur behalten wollen, wir müssen auch bereit sein herzugeben. Wir können nicht ständig in Anspannung sein, wir müssen uns auch entspannen; wenn wir die Leistung wollen, müssen wir auch die Müdigkeit akzeptieren, die sich hinterher einstellt.

Mir scheint, oft wollen wir nur die angenehme Seite der Dinge: wollen besitzen, genießen, erfolgreich sein. Daß wir auch hergeben müssen, traurig sein oder scheitern werden, das wollen wir nicht wahrhaben, dazu nehmen wir uns keine Zeit. Wenn es nach uns ginge, so würden wir von einem Höhepunkt zum anderen fliegen – über die dazwischenliegenden Täler hinweg. So ist das Leben aber nicht. Was wir bekommen, können wir nur ganz haben: mit Höhen *und* Tiefen. Würden wir zu beidem Ja sagen – vielleicht wüßten wir dann oft besser, was jetzt wichtig, was das eine Notwendige ist; wir würden auswählen, nicht alles gleichzeitig tun wollen und könnten so gelassen bleiben, wenn wir auf die Uhr schauen.

—

XVIII Sich wieder mögen lernen – auch eine Form von Umkehr

Die Predigt Jesu beginnt mit dem Satz: »Die Zeit ist erfüllt, das Reich Gottes ist nahe. Kehrt um, und glaubt an das Evangelium!« (MK 1,15). Was ist mit Umkehr gemeint? Umkehren, Umkehr ist ein typisch religiöses Wort. Die Psychologie spricht heute eher von Selbstveränderung, so wie dort auch von Arbeit an sich selbst statt von Askese die Rede ist. Der Sache nach macht die Psychologie ähnliche Feststellungen wie die Theologie: Es ist nicht selbstverständlich, daß ich die Kraft finde mich zu ändern – ich brauche Vertrauen zu mir selbst, ich brauche das Verstehen und Mitfühlen anderer. Die Theologie würde sagen: Es ist Gnade, daß ich umkehren kann. Freilich betonen beide, die Theologie und die Psychologie, daß es nicht ohne ernste Arbeit an sich selbst, ohne Askese geht. Doch zu dieser Arbeit sind wir nur fähig, wenn wir geliebt werden und darin die Kraft finden, uns selber zu mögen.

Wenn wir bei »Umkehr« vom Wortsinn ausgehen, besagt umkehren: nicht mehr weiter in die falsche Richtung laufen oder uns von einem unguten Fahrwasser treiben lassen, sondern die Initiative ergreifen und die Richtung unseres Lebens ändern – wenn es nötig ist, um 180 Grad. Aber woher weiß ich, was die richtige, was die falsche Richtung ist? Spontan fallen uns hier die Gebote ein.

Schon seit früher Kindheit haben wir Erwartungen und Normen verinnerlicht, sie sind ein Teil unseres Denkens und Fühlens geworden. Zunächst galten die Gebote und Spielregeln für uns fast absolut; die Ausnahmen kamen nur dadurch zustande, daß die Übertretung nicht beobachtet wurde, wir nicht erwischt wurden. Aber schon im Jugendalter lernten wir nach dem Sinn der Gebote fragen. Wir prüften in unserem Gewissen, ob dieses Gebot auf unsere konkrete Situation zutrifft, ob es uns berechtigterweise verpflichtet oder nicht. Es ist das stellungnehmende Ich, welches sowohl die Gebote, wie auch unsere Bedürfnisse und Wünsche und die konkrete Situation prüft und zu einer bewußten Entscheidung kommt. Diese Entscheidung kann in der Erfüllung unserer Wünsche, aber auch im teilweisen oder ganzen Verzicht auf sie bestehen.

Nicht alle Menschen finden zu diesem erwachsenen Umgang mit Geboten. Die Erwartungen anderer an sie und die Vorschriften ihrer Umgebung tönen in ihrem Inneren so laut, daß die Stimme ihres Ichs für sie nicht hörbar ist. Ja, sie sind vielleicht nie auf den Gedanken gekommen, daß sie ihre eigenen Empfindungen, Wahrnehmungen und Wünsche so ernst nehmen dürfen. Aber auch wenn uns das grundsätzlich gelungen ist, gibt es immer wieder Zeiten, in denen unsere Ichbalance verlorengeht: wo die Gebote und die Erwartungen uns wie bellende Hunde umkreisen und uns keine Ruhe geben. Es sind Zeiten, in denen wir uns immer nur Vorwürfe machen, immer noch mehr von uns verlangen, uns gar nichts recht machen können.

In solchen Zeiten der Niedergeschlagenheit kommt vielen religiösen Menschen der Gedanke: vielleicht hilft mir eine Beichte. Sie kann in der Tat helfen – aber nur dann, wenn der Priester die Selbstvorwürfe nicht noch verstärkt, sondern dem Beichtenden hilft, von den überhöhten Forderungen an sich herunterzukommen, die »Sollenshunde« nicht so ernst zu nehmen und sich selbst wieder mehr zu mögen. Es geht darum, die aggressiven Energien, die sich in den Schuldgefühlen nur gegen uns richten, wieder nach außen zu kehren: indem ich mich gegen überzogene Forderungen an mich wehre, mich von ihnen abgrenze und es neu lerne, mich zu mögen und in Ordnung zu finden. Das alles gilt nicht, wenn wir in einer ruhigen Weise von unserer Schuld betroffen sind, sondern nur für das Gejagtsein von falschen Schuldgefühlen. Da gilt es zunächst einen Normalzustand in sich herzustellen; erst wenn wir unserer Gefühle wieder einigermaßen Herr sind, ist Schuldeinsicht und wirkliche Reue möglich.

Ich selbst gebe Menschen, die in einem solchen Zustand der Niedergeschlagenheit und bloßer Schuldgefühle zu mir kommen, gewöhnlich als Buße auf, sich etwas Gutes zu tun, sich etwas zu gönnen: einen Stadtbummel zu machen, einmal gut zu essen, sich ausgiebig in der Badewanne zu wärmen oder Sport zu treiben. Diese Buße erscheint vielleicht zu wenig fromm, sie hilft aber umzukehren, die Richtung zu ändern: weg von den falschen und vordergründigen Schuldgefühlen, hin zu einem gesunden Selbstwertgefühl. Vielleicht ist es uns dann wieder möglich, die Grundwahrheit unseres Glaubens – und übrigens auch der Lossprechung in der Beichte – zu glauben: daß Gott uns liebt trotz unserer Fehler und Grenzen, daß wir seine Kinder sind.

XIX Askese: Arbeit an mir selbst

Verzichten können, Askese üben – das sind Wörter, die allmählich wieder im Kommen sind. Wir haben begriffen, daß die Rohstoffe dieser Erde begrenzt sind und wir unsere eigene Umwelt zerstören, wenn wir weiter nur in Konsum machen. Im christlichen Sprachraum sind diese Worte nie ganz verloren gegangen. Aber man hat hier Verzicht, Arbeit an sich selbst, gelegentlich sehr mißverstanden, so daß es sich lohnt, über diese Begriffe etwas nachzudenken.

Als ich 17 oder 18 Jahre alt war, hatte ich von einem guten Christen etwa folgende Vorstellung: Alle vier bis sechs Wochen macht er sich einen neuen Vorsatz, dann hat er wieder eine Untugend ausgemerzt bzw. sich eine neue Tugend angeeignet. Indem er sich so Tugend für Tugend vornimmt, kann er geradlinig Fortschritte machen und ein guter Christ werden. Unter Untugenden verstand ich damals Charaktereigenschaften, die mich oder andere stören konnten, die nicht zu einem guten Christen paßten: z. B. Jähzorn, mangelnden Fleiß, Ablenkungen im Gebet oder ähnliches; als Tugenden sah ich Beherrschtheit, Konzentration in Arbeit und Gebet, Liebenswürdigkeit.

Heute weiß ich, daß derartige Untugenden nicht so leicht auszumerzen und die entsprechenden Tugenden nicht so schnell zu erwerben sind. Manche Charaktereigenschaften, die uns stören, werden wir wohl nie ausmerzen können; es geht vielmehr darum, so mit ihnen umzugehen, daß sie unsere eigene Lebensgestaltung und das Zusammenleben mit anderen nicht wirklich stören. Aber ganz makellos, ganz stromlinienförmig, ganz einem Tugendkatalog entsprechend werden wir nie sein. Das ist eine überzogene und ehrgeizige Vorstellung. Wer sich so perfekt sieht oder es werden will, täuscht sich nicht nur darüber hinweg, daß er so und so oft versagt – er beschäftigt sich auch in einer unguten Weise mit dem Bild von sich selbst, anstatt sich wirklich an eine Sache oder Tätigkeit hinzugeben.

Derart idealistische Zielvorstellungen sind aber nicht nur zu hoch, sie sind auch zu abstrakt, d. h. sie übersehen die konkrete Situation und Beziehung, in der ich jähzornig, schlampig oder unkonzentriert bin. Wenn ein Jugendlicher öfter mit seinen Eltern Streit beginnt, nützt es ihm nichts, wenn er ganz allgemein seinen Jähzorn bekämpft. Er sollte sich vielmehr fragen: Bei welchen Gelegenheiten beginne ich zu motzen, was genau macht es mir so schwer, meine Eltern zu akzeptieren wie sie sind, wodurch kommt es immer wieder zum Streit? Solche Fragen können den Jugendlichen dazu bringen, genau hinzuschauen. Mit dem Vorsatz, seinen Jähzorn ein für allemal auszumerzen, wird er diese Situation nicht wirklich verbessern.

Eine weitere Fehlentwicklung christlicher Askese bestand darin, den Verzicht um des Verzichtes willen zu empfehlen und nicht den Grund mitanzugeben, warum verzichtet werden soll. Als etwas Negatives ist der Verzicht nur dann gerechtfertigt, wenn er den einzigen oder den besten Weg darstellt, um eine notwendige und wichtige Haltung zu erreichen, um ein Gut zu bewahren, um Dinge wieder zu ordnen. Um mich beispielsweise auf meine Arbeit zu konzentrieren, muß ich mir alle Ablenkungen und alles Herumspielen versagen. Damit Gott als die entscheidende Größe in meinem Leben erfahrbar wird, muß ich immer wieder – z. B. beim Gebet, in wichtigen Lebensentscheidungen usw. – andere Dinge zurückstellen, sie zweitrangig sein lassen.

Der falsche Gebrauch des Verzichts liegt darin, ihn mir in Lebensbereichen aufzuerlegen, in denen ich noch unsicher bin, die mir gefährlich vorkommen und mit denen ich noch nicht umgehen kann. Sexualität war ein solcher Lebensbereich, dessen humane Bewältigung man sich dadurch zu ersparen glaubte, daß man ihn völlig in sich abtötete. Aber auch Theater, Tanz, das Feiern von Festen, das Genießen von Muse waren solche Lebensbereiche, die sich sogenannte gute Christen versagen zu müssen glaubten. Wer derartige Verzichte als Wille Gottes ausgibt, vergißt, daß Gott ein Gott des Lebens ist, des Lebens in all seinen Dimensionen, den lustvollen und den leidgeprägten. Vergessen wir nicht: Die ernsthaften Pharisäer haben Jesus öfters den Vorwurf gemacht, er sei ein Fresser und Säufer (Mt 11,19); offensichtlich hat er, der das Bild des unsichtbaren Gottes war (Kol 1,15), den Religiösen einen zu lockeren und ausschweifenden Eindruck gemacht. Im Johannesevangelium sagt Jesus: »Ich bin gekommen, daß sie das Leben haben, und es in Fülle haben« (Jo 10,11).

Es ist also nicht Gott, der unser Leben beschneidet und einengt, sondern unsere Unfähigkeit, alle Wirklichkeitsbereiche gelten zu lassen und sie in ein christliches Lebenskonzept integrieren zu können. Vielmehr gibt Gott die Kraft und den Mut, Leben zuzulassen. Er möchte, daß es sich erweitert und zu seiner vollen Lebendigkeit findet. Ist der Verzicht dadurch überflüssig geworden? Keineswegs. Wir dürfen eine Tatsache nicht verdrängen: Unsere Ausrichtung auf das Gute, auf Gott, läßt sich so leicht ablenken und es braucht daher die Arbeit an uns selber, es braucht den Verzicht, damit wir uns immer wieder auf das Wesentliche konzentrieren.

Besser als die Worte Abtötung und Verzicht scheint mir der Begriff »gerade Ausrichtung« (recta intentio) das Wesen christlicher Askese auszudrücken. Alle Arbeit an uns selber hat den positiven Sinn, uns in direkten Kontakt mit der Sache und der Person zu bringen, um die es uns geht. Man wird ein reifer und von Gott erfüllter Christ nicht dadurch, indem man ganze Erlebnis- und Wirklichkeitsbereiche in sich abtötet, sondern indem man sie auf Gott ausrichtet. Ein beispielhafter Christ ist einer, der jeden Augenblick des Tages auf die Sinnmitte unseres Lebens auszurichten versteht, der ganz in der Gegenwart Gottes lebt. Das geht nicht ohne tägliche Übung, ohne täglichen Verzicht. Um Gott zu erfahren, müssen wir ihn oft mühsam suchen; wir müssen uns von den Dingen abwenden, die sich so wichtig machen, und versuchen, durch sie hindurch auf Gott zu schauen. Wenn Askese dazu hilft, dann hat sie ihren guten Sinn und wird zu einer christlichen Lebenshaltung.

XX Falsche Wegweiser: Unsere Schuldgefühle

Es läßt sich nicht leugnen: Auch religiöse Menschen gehen heute wesentlich seltener zur Beichte als es in früheren Zeiten üblich war. Die einen nehmen kirchliche Feste – wie zum Beispiel das Osterfest – zum Anlaß, wieder einmal zu gehen. Andere warten, bis sie spüren, daß sie es »wieder einmal nötig haben«. Daneben gibt es Stimmungen, in denen Schuldgefühle sehr laut in uns sprechen: als Vorwürfe, als Anklagen, als Antreibersätze.

Nur in einer sehr oberflächlichen Betrachtung haben derartige Stimmungen Ähnlichkeit mit Reue und ernsthafter Schuldeinsicht, mit der wir in die Beichte gehen sollten. Mir scheint, Schuldeinsicht und Schuldgefühle sind etwas Grundverschiedenes. In der Schuldeinsicht oder Reue bin ich betroffen oder traurig darüber, daß ich das getan habe, daß es soweit gekommen ist... Aber diese Betroffenheit und Trauer ist eher ein ruhiger, schwermachender innerer Zustand. Anders verhält es sich bei den Schuldgefühlen: Hier schlage ich innerlich auf mich ein mit Forderungen, Vorwürfen, Ärger und Wut. In der Reue sind wir fähig, ruhig auf das hinzuschauen, was war. Bei den Schuldgefühlen sind unsere Augen gleichsam vernebelt und unser Inneres überschwemmt von ständig widerhallenden Selbstvorwürfen; sie verhindern, daß wir genau hinschauen, was sich eigentlich abgespielt hat, daß wir ruhig überprüfen, ob die Forderungen an uns berechtigt und ihre Erfüllung überhaupt möglich ist. Schuldgefühle in diesem Sinne sind gegen sich selbst gekehrte Aggressionen.

In einer solchen Situation gibt es zwei Fragen, die mir helfen können, Schuld und Schuldgefühle voneinander zu unterscheiden. Die erste: auf wen habe ich Wut? Diese Frage mag denjenigen, der sich schuldig fühlt, zunächst überraschen. Aber er wird bald entdecken, daß er tatsächlich Wut in sich trägt – und nicht nur gegen sich selbst. Wut gegen andere zu haben, das macht oft Angst, bringt mich in einen Zwiespalt; denn man soll ja den anderen (z. B. die Eltern) vor allem lieben. Aber die Frage »Auf wen habe ich Wut?« sagt ja nicht, ich sollte diese Wut auch in Gewaltanwendung gegenüber den betreffenden Personen ausleben; sie führt mich nur dazu, dieses Gefühl der Wut wahrzunehmen. Wie ich diesen Energiestau, den meine Wut darstellt, abfließen lasse, ist eine andere Frage; ich kann das sehr wohl auf eine Weise tun, die niemand schadet, z. B. durch Sport, durch Arbeit, durch Aussprechen bei einer verschwiegenen Vertrauensperson.

Die zweite Frage lautet: Für wen oder was habe ich hier Verantwortung? Wenn ich bei der ersten Frage den Adressaten und den Grund meiner Wut entdeckt habe, ist den sich aufplusternden Schuldgefühlen schon die meiste Luft herausgelassen. Das Nachdenken über die Verantwortung, die wirklich ich in diesem Fall habe, läßt einen meist überrascht und ratlos dastehen. Wenn wir weiter nachdenken, zeigt sich oft eine Seite der Sache, an die wir vorher nie gedacht hatten; wir entdecken, daß wir ganz anders mitbeteiligt und vielleicht mitschuldig sind, als es uns die schweren Kaliber der Selbstvorwürfe weismachen wollten. Wenn wir am Ende dieses Nachdenkens unsere Verantwortung und Schuld erkennen, so mag sie vergleichsweise klein und fein erscheinen. Aber diese differenziertere Betrachtungsweise entspricht wahrscheinlich mehr der Wahrheit und kann ein wirksamerer Anlaß zu Umkehr und Selbstveränderung sein, als das die laut tönenden Selbstvorwürfe und Schuldgefühle je vermögen. Ja es scheint, erst wenn wir die vorlauten Schuldgefühle hinter uns gelassen haben, sind wir fähig, auf die leise Stimme des Gewissens zu hören.

Stimmungen, in denen wir uns so abgrundtief schlecht und unwert vorkommen, sind also keine guten Wegweiser zur wirklichen Schuldeinsicht. Wenn wir wirklich weiter kommen wollen, so müssen wir uns bemühen, den Chor der Schuldgefühle zum Schweigen zu bringen. Wie kläffende Hunde umkreisen sie uns. Und es gibt nur eins, ihnen nicht mehr zuhören, sondern zu sagen: »Ich bin nicht dazu auf der Welt, um alle Forderungen an mich zu befriedigen, und jetzt schert euch zum Teufel!« Und dann umschalten und etwas tun, was mir gut tut: Mir ein gutes Essen gönnen, einen Spaziergang machen, einen guten Freund anrufen, friedvolle und harmonische Musik hören und ähnliche Dinge. Es ist wichtig, sich abzulenken und mit den Sollenshunden nicht mehr zu reden; das würde ihnen nur neuen Auftrieb geben.

Wenn wir dann wieder in einer ruhigeren Stimmung sind und klarer sehen, sind wir fähig, unsere Schuld und Verantwortung zu erkennen. Wir sind bereit zur Trauerarbeit. Eine wichtige und befreiende Form der Versöhnung mit Gott und den Mitmenschen und mit uns selbst stellt die Beichte dar. Nicht die aufgewühlte Stimmung der Schuldgefühle, sondern die ruhige Betroffenheit und Trauer ist eine gute Zeit dafür.

XXI Warum beichten?

Ich halte es für einen Gewinn, daß in den letzten Jahren als Alternativen zur Einzelbeichte in vielen Pfarreien Bußfeiern angeboten werden. Durch Besinnungsfragen, die häufig von Gemeindemitgliedern stammen, entsteht in ihnen eine echte Nachdenklichkeit und Betroffenheit. In der Stille, die ihnen folgt, kann jeder einzelne die vorgetragenen Anfragen an sein Gewissen beantworten, seine persönliche Schuld still vor Gott zugeben. Die traditionelle Einzelbeichte ist deswegen nicht überholt. Ja es scheint, gerade weil sie einem schwerer fällt, kann ihr besonderer Wert wieder neu in den Blick kommen.

Was passé ist, ist vielmehr die unkomplizierte Selbstverständlichkeit, mit der man früher beichten ging. Auch solche Christen, die ihre Schuld nicht verdrängen, sondern vor Gott zu bekennen bereit sind, fragen heute: Warum muß ich dieses Bekenntnis vor einem Menschen aussprechen? Was hat er mit meinem Bekenntnis vor Gott zu tun? Diese Fragen sind wohl keinem unbekannt; immer wenn uns ein Bekenntnis besonders schwer fällt, legen sie sich nahe. Man beantwortet Fragen nicht dadurch, daß man sie als unstatthaft erklärt. Suchen wir also nach Argumenten, die hier vielleicht überzeugen können.

Als erstes könnte man sagen: Beachte weniger den Priester – er sitzt lediglich neben Dir, schau vielmehr auf Gott, vor dem Du in Reue kniest. Es ist Gott, dem Du Dein Bekenntnis sagst; es ist Gott, der Dir vergibt. Der Priester ist lediglich sein Sprachrohr, der von der Kirche beauftragte Verkünder des vergebenden Gotteswortes. Seine Nachfragen dienen lediglich dazu, Deine Schuldeinsicht zu vertiefen oder Dir soziale Verpflichtungen aus Deinen Vergehen (z. B. eine Wiedergutmachung entstandenen Schadens) einzuschärfen – und nicht der Befriedigung seiner menschlichen Neugierde. Streng genommen braucht der Priester lediglich mein Bekenntnis anhören und darauf die Lossprechung folgen lassen; die kleine Buße ist keine Strafe, die er auferlegt, sondern eine Einübung in den neuen Weg und die neue Lebenspraxis, zu der ich mich wiederum neu aufmache. Wenn der Priester versucht, im Zuspruch auf unsere Situation einzugehen, uns Mut zuzusprechen oder uns eine Verantwortung noch klarer zu Bewußtsein zu bringen, so tut er etwas, was über seinen Auftrag zur Lossprechung hinausgeht. Für einen geistlichen Zuspruch und zu geistlicher Beratung kann man in der Tat auch einen Nichtpriester – einen im Religiösen erfahrenen Ordensmann oder eine Ordensfrau oder einen anderen Christen – aufsuchen. Immerhin nehmen wir dieses zusätzliche Bemühen des Priesters, auf unsere Situation – trotz der knappen Zeit – ein wenig einzugehen, häufig dankbar an. Wir dürfen da nur nicht zu viel erwarten. Gerade in der Fastenzeit drängen sich die Beichten und der Priester kann sich nicht so viel Zeit für den einzelnen nehmen, wie er vielleicht selber möchte.

Die beste Motivationshilfe für die Einzelbeichte, die ich kenne, stammt von dem evangelischen Theologen Dietrich Bonhoeffer. Ende der dreißiger Jahre verfaßte er für eine evangelische Bruderschaft eine Ordensregel (Gemeinsames Leben. München [Kaiser] 1982, 18. Aufl., S. 95–105); sie enthält auch ein Kapitel, in dem er vom »Bruderdienst der Vergebung« – in Form des öffentlichen Schuldbekenntnisses bzw. der Einzelbeichte – spricht. Einleitend hält er es für sehr wichtig, daß es einem die Gemeinschaft erlaubt, Sünder zu sein; daß man sich nicht wegen seiner Sünde verbergen muß. Es gehörte mit zur heilenden Aufmerksamkeit Jesu, daß Menschen sich mit ihrer Schuld nicht vor ihm verstecken brauchten, daß sie Sünder sein durften und in der Begegnung mit ihm den Frieden mit sich, mit ihren Mitmenschen und mit Gott wiederfanden. Diesen Heilungsauftrag führt die Kirche im Bruderdienst der Vergebung weiter. Das Wort »Bruder« für den Priester macht deutlich, daß er als Mensch auf der selben Ebene steht wie ich, der Beichtende; lediglich als beauftragter Sprecher des Vergebungswortes von Gott her kann er mir etwas mehr als Menschliches geben.

Bonhoeffer sieht in der Beichte einen *Durchbruch zur Gemeinschaft.* Das Sündenbekenntnis im Angesicht des christlichen Bruders nimmt der Sünde ihre Macht. »Sie ist als Sünde offenbar geworden und gerichtet. Sie vermag die Gemeinschaft nicht mehr zu zerreißen. Nun trägt die Gemeinschaft die Sünde des Bruders. Er ist mit seinem Bösen nicht mehr allein, sondern er hat sein Böses mit der Beichte ›abgelegt‹, Gott hingegeben. ...Die verborgene Sünde trennte ihn von der Gemeinschaft, machte alle scheinbare Gemeinschaft unwahr, die bekannte Sünde half ihm zur wahren Gemeinschaft mit den Brüdern in Jesus Christus« (S. 97). Daß meine Sünde die Gemeinschaft beeinträchtigt, ist in einer großen Pfarrei wenig erfahrbar, wohl aber in einer überschaubaren Bruderschaft, für welche Bonhoeffer schrieb.

Seine zweite Kennzeichnung der Beichte trifft jedoch in den meisten Fällen zu: In der Beichte geschieht der *Durchbruch zum Kreuz.* »Die Beichte vor dem Bruder ist tiefste Demütigung, sie tut weh, sie macht gering, sie schlägt den Hochmut... Weil diese Demütigung so schwer ist, meinen wir immer wieder, der Beichte vor dem Bruder ausweichen zu können. Unsere Augen sind so verblendet, daß sie die Verheißung und die Herrlichkeit solcher Erniedrigung nicht mehr sehen. Es ist ja kein anderer als Jesus Christus selbst, der den Schandtod des Sünders an unserer Stelle in aller Öffentlichkeit erlitten hat, er schämte sich nicht, als Übeltäter für uns gekreuzigt zu werden, und es ist ja nichts anderes als unsere Gemeinschaft mit Jesus Christus, die uns in das schmachvolle Sterben der Beichte hineinführt, damit wir in Wahrheit teilhaben an seinem Kreuz. ...In dem tiefen geistigleiblichen Schmerz der Demütigung vor dem Bruder, das heißt ja: vor Gott, erfahren wir das Kreuz Jesu als unsere Rettung und Seligkeit« (S. 98 f.).

In der schmerzhaften Konkretheit, die das Bekenntnis durch die Anwesenheit eines anderen Menschen bekommt, sieht Bonhoeffer aber auch eine Chance: In der Beichte geschieht der *Durchbruch zur Gewißheit* der Vergebung. Denn »wer schafft uns hier Gewißheit, daß wir im Bekenntnis und in der Vergebung unserer Sünden nicht (nur) mit uns selbst zu tun haben, sondern mit dem lebendigen Gott? Diese Gewißheit schenkt uns Gott durch den Bruder. Der Bruder zerreißt den Kreis der Selbsttäuschung. ... Wie das Bekenntnis meiner Sünde dort dem Selbstbetrug entzogen wird, wo es vor dem Bruder geschieht, so ist auch die Zusage der Vergebung mir dort ganz gewiß, wo sie der Bruder mir im Auftrag und im Namen Gottes zuspricht. Um der Gewißheit der göttlichen Vergebung willen ist uns die brüderliche Beichte von Gott geschenkt« (S. 100 f.).

Ich meine, dieser Kennzeichnung der Beichte von einem evangelischen Christen können Katholiken kaum Besseres hinzufügen. In der Beichte machen wir die heilende und beglückende Erfahrung, daß ein Mensch uns die verzeihende Liebe Gottes hörbar und spürbar werden läßt.

XXII Verantwortlich – ja, aber mit Grenzen

Es ist ein Kennzeichen religiös eingestellter Menschen, daß sie sich schnell und in besonderer Weise verantwortlich fühlen. Wo andere überhaupt nichts merken, fühlen sie sich gleich aufgerufen, etwas zu tun, zu helfen, zu vermitteln. Und da sie meist ohnehin schon genug auf dem Buckel haben, erdrückt sie dieses ständige Gefühl der Verantwortlichkeit fast, nimmt ihnen die Luft zum Atmen.

Welchen Maßstab gibt es für die Frage, worin meine Verantwortung besteht? Wo liegen ihre Grenzen? Wer bestimmt, wofür gerade ich verantwortlich bin – ich und nicht die anderen? Eine erste Antwort kann der Wortsinn geben: In dem Begriff Verantwortung steckt »Antwort geben«. Antwort kann ich nur geben, wenn ein Ruf an mich ergangen ist, wenn ich einen Appell als persönlich an mich gerichtet erlebt habe. Und das nicht nur einmal, sondern wiederholt, so wie es die Berufungsgeschichte des Samuel erzählt (1 Sam 3). Samuel wird dreimal durch einen beeindruckenden Traum geweckt, bis er – und das mit Hilfe des Priesters Eli – erkennt, daß es Gott war, der ihn im Traum rief. Wichtige Anrufe melden sich mehrmals. Bei aller Neuheit und Überraschung, die sie auslösen, greifen sie doch meist auf Elemente zurück, die es schon in unserem Leben gibt. Das Kennzeichen von ernst zu nehmenden Anrufen ist es, daß sie vorhandene Sensibilität vertiefen, Aufmerksamkeiten weiter wecken und schon übernommene Verantwortlichkeiten weiter konkretisieren. Wer z. B. ein behindertes Kind hat, wird sich – soweit er noch Kraft dazu besitzt – in der Interessensvereinigung behinderter Kinder einsetzen. Anrufe, die mich völlig aus meinem bisherigen Leben reißen, die zu Abenteuern rufen, welche mit meinem normalen Leben überhaupt nichts zu tun haben, sind sorgfältig zu prüfen. Sicher, die Kirchengeschichte ist voll von Beispielen für unerwartete Anrufe an Menschen; aber sie bekamen doch auch Zeit zur Prüfung dieser Anrufe, sie bekamen Bestätigungen.

Für eine solche Prüfung kann es nützlich sein, daß ich mir vorstelle: Ein anderer Mensch wäre in einer ähnlichen Lage wie ich; was würde ich ihm raten? Durch so ein Gedankenexperiment kann manches klar werden. Es gibt noch eine andere wichtige Überlegung, welche mir hilft, meine Verantwortung zu begrenzen. Es ist die Frage: Wer ist außer mir noch da, den die Sache auch, vielleicht sogar mehr angeht, der ebenso helfen könnte oder zuständig ist wie ich? Indem ich sofort reagiere und für ihn einspringe, nehme ich ihm die Möglichkeit, Verantwortung zu übernehmen. Er wäre vielleicht bereit, etwas zu tun, wenn ich ihm nicht immerfort zuvorkäme. Vielleicht ist er jemand, der von mir gebeten sein will; aber er wäre durchaus bereit, die Sache zu übernehmen. Solche Überlegungen können zu ganz neuen Einsichten führen.

Eine andere wichtige Hilfe zur Begrenzung unserer Verantwortung stellt das Gespräch mit jemandem dar, der uns, unsere Stärken und Schwächen kennt und ein gutes Urteil besitzt. Auch wenn wir uns noch so sehr mühen, klar hinzusehen – wir haben alle unsere speziellen blinden Flecken. Es ist unwahrscheinlich, daß der andere sie auch an der selben Stelle hat, und so sieht er oft schon nach kurzer Zeit Dinge, die wir trotz großer Anstrengung ständig übersehen haben.

Warum ist die Begrenzung der Verantwortung so wichtig? Will Gott nicht, daß wir uns aufgerufen fühlen, diese Welt und uns als Teil dieser Welt zum Besseren zu verändern? Das ist richtig, doch verlangt Gott von uns nicht, daß wird dies mit ständig heraushängender Zunge tun. Wer sich fortgesetzt überfordert, wird bald mutlos und verwirklicht weniger als jemand, der sich ständig mit Maßen bemüht und verantwortlich fühlt. Wenn meine Verantwortlichkeit mir keinen Raum mehr läßt zur Muse und zum Verschnaufen, zum ruhigen Verweilen in mir und in Gott, so ist etwas falsch. Auch mein Körper gibt deutliche Signale, daß er überfordert ist, die wir nicht überhören sollten.

Gott will, daß ich verantwortlich bin, aber auch, daß ich glücklich werde. Nicht das Glück um jeden Preis, nicht als kurzschlüssige Befriedigung oberflächlicher Wünsche, nicht das Glück ohne Gespür für die Bedürfnisse anderer, sondern die tiefe Befriedigung eines geglückten und verantworteten Lebens ist hier gemeint. Nur eine begrenzte, konkrete Verantwortung ist ein guter Beitrag zu diesem tieferen Glück.

Wir danken folgenden Verlagen für die freundlicherweise erteilten Abdruckgenehmigungen:

Dietrich Bonhoeffer »Gemeinsames Leben«
Chr. Kaiser Verlag, München 1964

Martin Buber »Die Erzählungen der Chassidim«
Manesse Verlag, Zürich 1949

Hans Jaray »Es fehlt eine Seite«
© by F. A. Herbig Verlagsbuchhandlung, München

Antoine de Saint-Exupery »Der Kleine Prinz«
Karl Rauch Verlag, Düsseldorf

Bibelzitate aus dem Text der Einheitsübersetzung
der Heiligen Schrift
© Katholische Bibelanstalt GmbH, Stuttgart 1980

Kleinschriften im Kaffke-Verlag

Bisher sind folgende Titel erschienen:

1 *Waltraud Herbstrith*
Beten mit Edith Stein. 4. Auflage

2 *Waltraud Herbstrith*
Kontemplatives Ordensleben – überholt? 2. Auflage

3 *Dag Hammarskjöld*
Das Unerhörte – In Gottes Hand zu sein. 5. Auflage

4 *Caterina von Siena*
Lobgesang

6 *Josef Sudbrack*
Mit Jesus Christus zu tun haben. 2. Auflage

7 *Mechthild von Magdeburg*
Von Minne und Liebe

8 *Waltraud Herbstrith*
Hoffnung auf Auferstehung

9 *Waltraud Herbstrith*
Maria und die Erneuerung der Kirche

10 *Johannes XXIII.*
Einübung ins Gebet

11 *Josef Sudbrack*
Schweigen – Leere oder Fülle?

12 *Helga Mordstein*
Gebete gestern und heute

13 *Edith Stein*
Gedichte und Gebete aus dem Nachlaß. 2. Auflage

14 *Hildegard Holtstiege*
Priester und Frau

16 *Hugo M. Enomiya-Lassalle*
Kurz-Information über Zen. 2. Auflage

17 *Lotte Tiedemann*
Beten aus der Tiefe

19 *Eva Firkel*
Praktische Hilfen zum Gebet

20 *Ulrich Heuel*
Spuren. Gedichte eines jungen Menschen

21 *Meister Eckehart*
Abwesenheit und Nähe Gottes.
Textauswahl von Cornelia Glombik

22 *Angelus Silesius*
Vom Geheimnis Gottes und des Menschen.
Textauswahl von Cornelia Glombik

23 *Aurelius Augustinus*
Gott, was bist du mir?
Textauswahl von Cornelia Glombik

24 *Chrysostomos Schulz O.Cist.*
Ich bin da – vor ihm. Meditation
und ihre Auswirkung. 2. Auflage

25 *Thomas Merton*
Mönch zwischen gestern und morgen

27 *Anselm Grün OSB*
Reinheit des Herzens. Wege der Gottsuche
im alten Mönchtum. 2. Auflage

28 *Helmut Fox*
Denn einsam bin ich und arm

30 *Anselm Grün OSB*
Demut und Gotteserfahrung. 2. Auflage

31 *Winfried Zeller*
Elisabeth von Thüringen

32 *Bernhard von Clairvaux*
Rufe zu Maria.
Textauswahl von Cornelia Glombik

33 *Bonaventura*
Pilgerweg zu Gott

34 *Johannes vom Kreuz*
Sprechen und Schweigen

35 *Ichiro Okumura OCD*
Erwachen zu Gott. Wege zum Gebet

37 *Therese von Avila – Therese von Lisieux*
Heilige im Gespräch

38 *Starez Siluan*
Leben aus dem Geist.
Textauswahl von Anselm Grün OSB

39 *Johannes du Moulin und seine Schüler*
Vom unbegreiflichen Gott

40 *Buch der ersten Mönche*
Eingeführt von Camillus Lapauw OCD

41 In die Liebe Gottes hineinlaufen
Benedikt von Nursia.
Textauswahl von Benedikt Probst OSB

42 *Gundula Meyer*
Christsein und Zen

43 *Waltraud Herbstrith/Theo Herbstrith*
Erfahrungen eigenen Daseins

44 *Makarios Hebler OSB*
Gott meine Freude

45 Ich und Du – Martin Buber
Textauswahl von Veronika E. Schmitt

46 *Konrad Flatau*
Betend unser Leben verstehen

47 *Marcellus Feldmeier O.Carm.*
Leben aus dem Wort

48 *Johannes M. Nützel O.Carm.*
Menschen vor Gott

49 *Max Rieple*
...und es lohnt sich doch.
Die kleine Welt des Kranken

50 *Heinz Grosch*
Jochen Klepper. Hören auf das Wort

Weitere Kleinschriften sind in Vorbereitung.
Fordern Sie bitte unser Verlagsprogramm an!

Kaffke-Verlag · Postfach 371 · 8750 Aschaffenburg